中原名师出版工程
ZHONGYUAN MINGSHI CHUBAN GONGCHENG
中原名师论坛系列（2019）

核心素养：基于学科的思考与实践

中原名师培育工程项目办公室　编

中原出版传媒集团
中原传媒股份公司
大象出版社
·郑州·

图书在版编目(CIP)数据

核心素养:基于学科的思考与实践/中原名师培育工程项目办公室编.—郑州:大象出版社,2021.12
中原名师出版工程
ISBN 978-7-5711-1037-6

Ⅰ.①核… Ⅱ.①中… Ⅲ.①课程-教学研究
Ⅳ.①G423

中国版本图书馆 CIP 数据核字(2021)第 071815 号

核心素养:基于学科的思考与实践

HEXIN SUYANG:JIYU XUEKE DE SIKAO YU SHIJIAN

中原名师培育工程项目办公室　编

出 版 人　汪林中
责任编辑　刘丹博　赵晓静
责任校对　张英方
特邀设计　刘　民
美术编辑　杜晓燕

出版发行　大象出版社(郑州市郑东新区祥盛街 27 号　邮政编码 450016)
发行科　0371-63863551　总编室　0371-65597936
网　　址　www.daxiang.cn
印　　刷　河南文华印务有限公司
经　　销　各地新华书店经销
开　　本　720 mm×1020 mm　1/16
印　　张　12.5
字　　数　198 千字
版　　次　2021 年 12 月第 1 版　2021 年 12 月第 1 次印刷
定　　价　46.00 元
若发现印、装质量问题,影响阅读,请与承印厂联系调换。
印厂地址　新乡市获嘉县亢村镇工业园
邮政编码　453800　　　电话　0373-5969992　5961789

编委会

总序

对于一个优秀教师来说，将自己对教育教学的思考在写作中表达出来，是非常自然的一件事。正如玛格丽特·杜拉斯在《写作》中说的："写作像风一样吹过来，赤裸裸的，它是墨水，是笔头的东西，它和生活中的其他东西不一样，仅此而已，除了生活以外。"杜拉斯把自己的写作区别于日常生活中具体的事物，而将其看作生活本身。我十分认同这样的说法。从许多优秀教师的成长经历来看，教育写作就是教育生活本身。当我们学会了把教育生活中的各种场景纳入自己的视野，融入自己的思考，通过写作诚实地记录下来，我们就找到了一条属于自己的专业发展之路。

正是看到了教育写作在教师专业发展中的重要意义，河南省教育厅与浙江师范大学启动了"中原名师教育写作出版计划"。河南是我国的教育大省，有一大批非常优秀的教师逐渐崭露头角，而"中原名师"是其中的佼佼者，他们在各自的学校和不同的教育教学领域取得了一定的成绩，及时总结、提炼、展示、推广他们的研究成果非常必要。我和张文质老师被聘请为"中原名师教育写作出版计划"的首席写作导师，肩负指导"中原名师”写作、出版教育教学专著的重任。这可能也是目前国内唯一旨在帮助优秀教师实现教育教学专著出版的省级培训项目，开辟了教师培训内容与形式的崭新领域，具有开创性意义。经过近两年的艰苦努力，目前这项计划终于迎来了阶段性成果：一批“中原名师”的教育教学专著即将正式出版。从书稿情况来看，选题、内容可谓多样：既有学科教学方面的，也有班级管理方面的；既有比较严谨的学术论著，也有可读性较强的教育教学随笔；既有义务教育阶段的，也有幼儿、高中阶段的。

捧读这些沉甸甸的书稿，我心中充满感慨。

我想到了每一位作者的面庞，看到了那些闪亮的眼神。大家都非常清楚，对于一个渴望成长、追求专业发展的教师来说，教育写作是自我提高的一条基本路径。教育写作能清晰地记录一个教师专业成长的轨迹。教师可以在写作的过程中不断审视、反思自我，不断积累、总结，无论是初尝成功的经验，还是尝试摸索中的所谓教训，都是十分宝贵的财富。苏霍姆林斯基曾鼓励教师每天都写教育日记（也就是我们常说的“教育叙事”），认为这样的写作具有重大价值：“凡是引起你的注意的，甚至引起你一些模糊的猜想的每一个事实，你都把它记入记事簿里。积累事实，善于从具体事物中看出共性的东西——这是一种智力基础，有了这个基础，就必然会有那么一个时刻，你会顿然醒悟，那长久躲闪着你的真理的实质，会突然在你面前打开。”这些“中原名师”正是通过写作将自己日常教育教学的点点滴滴慢慢积累起来的，而实施“中原名师教育写作出版计划”就是为了帮助他们打开真理之门。

我还想到了每本书稿选题的艰难，想到了那些为了确立书稿选题所经历的热烈讨论，既有面对面的沟通，也有无数次邮件、短信与电话往来。由于每一位作者所在的区域不同，所教学段、学科不同，研究基础、研究方向也各不一样，如何将那些最有价值的研究成果梳理、提炼出来，并形成相对集中的研究主题以专著的形式呈现，是我和张文质老师以及每一位作者需要面对的挑战。沟通、选择的过程非常重要，也非常辛苦。这主要是由于各位作者在实践层面的经验、成果内容非常多样造成的：往往一个教师提供的同一本书稿，在内容上既有学科教学方面的，也有班级管理方面的，甚至还有其他学科领域的，这固然反映了一线教师工作繁杂多面的实际情况，但对于专著出版来说，主题不够突出无疑是大忌，也会遮蔽那些更有价值、更值得推广的内容。经过反复讨论，第一批“中原名师”首先确定了选题，开启了教育写作之路；而另一批作者则更改了选题，另起炉灶，毅然开启了新的写作计划，这其中的勇气也让人深为佩服。

当然，我也想到了每一位作者所经历的艰苦的写作过程。由于绝大多数老师积累的文稿是基于实践经验，致使有些内容在学理上存在问题，论述、论据都不够严谨，容易引起歧义；也有些内容所呈现的研究过程与研究成果不够完整，材料繁杂、枝蔓较多，如何去芜存菁留下最有价值的东西，如何修改、完善那些不够成熟的地方，也是摆在每一位作者面前的挑战。值得指出的是，对文稿不断修改、完善的过程虽然艰苦，但其实是非常宝贵的研究经历——看似是教育写作的过程，其实又是学术研究的过程，写作本身成为思维与学术的双重训练，成为提炼教育教学理念、凸显教育教学风格的基本路径。正是经历了这样的写作和研究过程，他们最终创作出很有价值的作品。如果说在专著出版之前，这些老师的教育教学风格还不够鲜明，尚未在更大的范围内得到认可，那么我相信，专著的公开出版，将有力地促进他们教育教学成果以及个人教育教学风格的传播与推广，塑造“中原名师”更加美好、专业的形象，成为河南教师乃至全国教师的偶像。而这，也是河南省教育厅与浙江师范大学继续教育学院决定实施该项教育写作出版计划的重要目的之一。

对于各位作者而言，他们没有辜负岁月，岁月也没有辜负他们。

对于导师而言，能够参与这个项目，帮助各位作者，是充满欣慰的，甚至超过了自己出书时的喜悦。

感谢各位读者，如果您翻开这些书，您会看到有那么一些人，是如何执拗地表达着对岁月和信仰的敬意。

闫 学

目录

第一章　高中篇

第二章　初中篇

第三章　小学篇

第四章　幼儿园篇

第一章

高中篇

基于学科核心素养的平抛运动教学目标设计

郑州外国语学校　司德平

摘　要：本文基于物理学科核心素养和高中物理学业水平合格性与等级性考试的要求，对平抛运动的教学目标进行了系统设计，践行备—教—学—评—研一致性，凸显提升科学思维品质，思悟学科思想方法，理解学科本质，从而达到培育学生学科核心素养的目的。

关键词：学科核心素养　学业质量水平　教学目标　平抛运动

一、学科核心素养与学业质量水平要求

2019 年 6 月，国务院颁布的《关于新时代推进普通高中育人方式改革的指导意见》规定，从 2020 年起，高考不再制定考试大纲，延续了 16 年的高考考试大纲成为历史。教育部考试中心研制的《中国高考评价体系》成为高考新的指导纲领，该体系是由“一核”（为什么考）、“四层”（考什么）、“四翼”（怎么考）构成的有机统一体，如图 1 所示。其中，“四层”包含学科素养。该评价体系实现了三个转变：在教育功能上，实现了高考由单纯的考试评价向立德树人重要载体和素质教育关键环节的转变；在评价理念上，实现了高考由传统的“知识立意”“能力立意”评价向“价值引领、素养导向、能力为重、知识为基”综合评价的转变；在评价模式上，实现了高考从主要基于“考查内容”的一维评价模式向“考查内容、

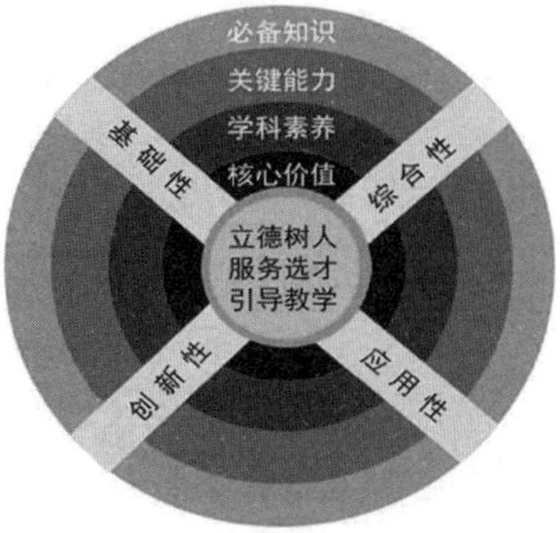

图 1　中国高考评价体系构成

考查要求、考查载体”三位一体评价模式的转变。

教育部颁布的《普通高中物理课程标准（2017 年版）》指出，学科核心素养是学科育人价值的集中体现，是学生通过学科学习逐步形成的正确价值观念、必备品格和关键能力。物理学科核心素养主要包括“物理观念”“科学思维”“科学探究”“科学态度与责任”四个方面。我认为，物理学科核心素养以“科学探究”为基础，以“科学思维”为灵魂，而“学科思想方法”则是科学思维的内核。课标既是指导学生自主学习和评价，指导教师开展日常教学设计、命题和评价的重要依据，也是高中学业水平考试命题的重要依据。课标把高中物理学业质量划分为五级水平。其中，学业质量水平 2 是高中毕业生应达到的合格要求，是学业水平合格性考试的命题依据；学业质量水平 4 是用于高等院校招生录取的学业水平等级性考试的命题依据。高中物理学业水平合格性与等级性考试的核心素养要求如表 1 所示。

表 1　高中物理学业水平合格性与等级性考试的核心素养要求

学科核心素养	要素	水平 2	水平 4
物理观念	物质观念	了解所学的物理概念和规律，能解释简单的自然现象，解决简单的实际问题	理解所学的物理概念和规律及其相互关系，能正确解释自然现象，综合应用所学的物理知识解决实际问题
	运动与相互作用观念		
	能量观念		
科学思维	模型建构	能在熟悉的问题情境中应用所学的常见的物理模型	能将实际问题中的对象和过程转换成所学的物理模型
	科学推理	能对比较简单的物理问题进行分析和推理，获得结论	能对综合性物理问题进行分析和推理，获得结论并作出解释
	科学论证	能使用简单和直接的证据表达自己的观点	能恰当使用证据证明物理结论
	质疑创新	具有质疑和创新的意识	能对已有结论提出有依据的质疑，采用不同方式分析解决物理问题

（续表）

学科核心素养	要素	水平 2	水平 4
科学探究	问题	能观察物理现象，提出物理问题	能分析相关事实或结论，提出并准确表述可探究的物理问题，作出有依据的假设
	证据	能根据已有的科学探究方案，使用所学的基本器材获得数据	能制订科学探究方案，选用合适的器材获得数据
	解释	能对数据进行整理，得到初步的结论	能分析数据，发现其中规律，形成合理的结论，用已有的物理知识进行解释
	交流	能撰写简单的报告，陈述科学探究过程和结果	能撰写完整的实验报告，对科学探究过程与结果进行交流和反思
科学态度与责任	科学本质	认识到物理学是基于人类有意识的探究而形成的对自然现象的描述与解释，并需要接受实践的检验	认识到物理研究是一种对自然现象进行抽象的创造性工作
	科学态度	有学习物理的兴趣，具有实事求是的态度，能与他人合作	有学习和研究物理的内在动机，坚持实事求是，在合作中既能坚持观点又能修正错误
	社会责任	认识到物理研究与应用会涉及道德与规范问题，了解科学、技术、社会、环境的关系	能依据普遍接受的道德与规范认识和评价物理研究与应用，具有保护环境、节约资源、促进可持续发展的责任感

二、落实核心素养要求的平抛运动教学目标设计

1. 教材分析

抛体运动是自然界常见的运动形式，平抛运动既是一种典型的匀变速曲线运动，也是抛体运动的一个特例。本节课是在学生学习了匀变速直线运动、牛顿运动定律、曲线运动的条件、运动的合成与分解之后的具体应

用，也是运动学与动力学知识的拓展迁移和综合应用。首先，教材从抛体运动切入，把平抛运动作为一个典型案例，构建平抛运动理想化过程模型，应用运动的合成与分解、牛顿第二定律对平抛运动规律进行了理论分析，并用数学方法得到了平抛运动的轨迹方程，加深对曲线运动条件、运动与力关系的理解。其次，通过实验探究，描绘平抛运动的轨迹，并分别由平抛运动的轨迹判断是否为抛物线，计算平抛运动的初速度、速度、位移、射程和运动时间，深化对平抛运动规律的理解。最后，由平抛运动再回到抛体运动，领悟运动的合成与分解、能量守恒定律是处理抛体运动、类平抛运动的基本方法，理解等效思想方法。这种理论分析与实验探究相结合、化繁为简、从特殊到一般的认知思维方式，有助于提升学生科学思维品质，思悟学科思想方法，理解学科本质，从而培育学生的学科核心素养。

2. 教学目标设计

基于表 1、教—学—评的一致性和上述教材分析，我系统设计了落实核心素养的平抛运动的教学目标（2 课时），如表 2 所示。

表 2　平抛运动的教学目标

学科核心素养	要素	学习目标
物理观念	物质观念	从生活经验中建立抛体运动的概念，进一步建立平抛运动的概念，知道平抛运动是抛体运动的一个特例，拓展对运动多样性的认识
	运动与相互作用观念	知道平抛运动的运动性质、受力特点和研究方法，能分析生活生产中的抛体运动，加深对曲线运动条件、运动与力关系的理解
	能量观念	初步了解平抛运动中机械能守恒
科学思维	模型建构	知道平抛运动是理想化的过程模型，平抛运动的模型建构条件
	科学推理	会用运动的合成与分解分析、推导平抛运动的速度和位移，理解等效思想方法
	科学论证	理解平抛运动的规律，会论证平抛运动的初速度、速度、位移、射程和运动时间
	质疑创新	由化繁为简、从特殊到一般，领悟抛体运动（平抛、斜抛）的基本处理方法

（续表）

学科核心素养	要素	学习目标
科学探究	问题	实验描绘平抛运动的轨迹，探究平抛运动的特点
	证据	由平抛运动的轨迹分析、理解平抛运动的规律
	解释	用数学方法得到平抛运动轨迹方程，判断轨迹是否为抛物线
	交流	由平抛运动的轨迹计算平抛运动的初速度
科学态度与责任	科学本质	体会实验探究与理论推导相结合、化繁为简、从特殊到一般的研究方法，领悟运动的合成与分解、能量守恒定律是处理抛体运动、类平抛运动的基本方法
	科学态度	能与他人合作探究、交流分享，具有严谨求实的科学态度
	社会责任	由水平匀速运动的飞机空投救灾物资、教材练习题2设计的汽车超速肇事情境中的平抛运动等培育学生的社会责任感

参考文献

［1］教育部考试中心．中国高考评价体系[M]. 北京：人民教育出版社，2020.

［2］中华人民共和国教育部．普通高中物理课程标准（2017年版）[M]. 北京：人民教育出版社，2018.

在真实情境中浸润地理核心素养

商丘市回民中学　程　黎

摘　要：学科核心素养是学生通过学习该学科课程后应达成的正确价值观念、必备品格和关键能力。在地理教学中，创设真实情境或直接带领学生到自然中开展探究和体验学习，潜移默化地浸润“人地协调观、区域认知、综合思维和地理实践力”地理核心素养，是实现中国学生发展核心素养、落实立德树人目标的重要举措。具体来说，落实地理核心素养的方法有在问题学习中润心、在合作学习中润思、在图示学习中润知、在体验学习中润行四种。

关键词：核心素养　高中地理　育人价值　浸润　真实情境

地理学作为一门独立的课程，在古今中外的学校教育中有着重要的地位。美国曾把地理作为中学五大核心课程之一，我国清末的课程设置中就有地理课。今天，我们的高中地理学科体系中有自然地理学、人文地理学和区域地理学，内容包括天文学、地质学、环境学、海洋地理、旅游地理、城乡规划、地理信息技术等。学生学习和掌握了这些必备的地理知识与技能，就能够更好地与环境和谐相处，能够在生产生活中更好地处理和解决人类面临的人口、资源、环境和发展问题。可见，地理课程承担着传承人类文明、培养德智体美全面发展的社会主义建设者和接班人的重要任务，具有非常独特的育人功能和永恒的生命力。

一、地理学科的核心素养

学科核心素养是学生通过学习该学科课程后应达成的正确价值观念、

必备品格和关键能力。落实学科核心素养是发展中国学生核心素养的重要途径。高中地理核心素养包括“人地协调观、区域认知、综合思维和地理实践力”，它们是相互联系的一个有机整体，如图1所示。

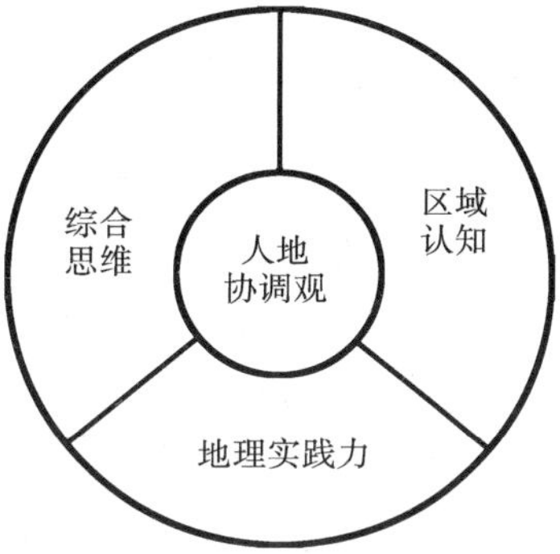

图1　高中地理核心素养

1. 人地协调观

人地协调观是人们对人类与地理环境之间关系秉持的正确的价值观。通过高中地理的学习，学生能够理解自然环境是人类生存、发展的基础，能够理解人类活动对地理环境影响有不同的方式、强度和后果，懂得尊重自然规律。例如：学习“森林的开发和保护”时，可以通过典型案例分析，使学生明白“植树造林”与“乱砍滥伐”这两种人类活动方式所产生的不同结果；认识到森林的环境效应与保护森林的重要性，理解实施退耕还林、退耕还草措施的必要性，从而树立“绿水青山就是金山银山”的理念。

2. 区域认知

区域认知是人们运用空间—区域的观点认识地理环境的思维方式和能力。具备这一素养有助于学生从区域的角度，分析和认识地理环境，以及它与人类活动的关系。例如：学习“工业的区位选择”时，可以以富士康落户郑州为例，指导学生分析郑州的地理位置、土地地价、劳动力的数量与价格、交通、市场、政策等工业区位因素，使学生学会从区域的视角认识地理事象，学会正确评析区域开发中的得与失。

3. 综合思维

综合思维是人们运用综合的观点认识地理环境的思维方式和能力。具备这一素养有助于人们从整体的角度，全面、系统、动态地分析和认识地理环境，以及它与人类活动的关系。例如，学习“荒漠化的治理”时，指导学生从天、地、人等多方面综合分析其成因：天——气候干旱、降水稀少，气候异常；地——地表干旱、地表水贫乏、植被稀少，土壤发育差，多沙漠戈壁；人——过度樵采、过度放牧、过度开垦等。这一分析使学生学会从综合地理要素的角度认识地理事物的整体性，学会从空间和时间综合的角度分析地理事象的发生、发展和演化，学会从地方或区域综合的角度分析地方或区域自然和人文要素对区域特征形成的影响。

4. 地理实践力

地理实践力是人们在考察、实验和调查等地理实践活动中所具备的意志品质和行动能力。地理课程具有很强的实践性，可结合教学设计一些地理研究性学习、地理小实验和研学旅行活动。例如：学习“地球的运动”时，组织学生开展“杆影法测当地正午太阳高度”的活动。学生通过实地测量当地正午太阳高度和小区楼间距、计算当地经纬度、分析小区楼间距的合理性，掌握了选择适当的地理工具进行实地测量的能力，学会了观察、计算和分析处理地理信息的能力，养成了求真求实的科学态度，达到了学以致用的目的。

地理核心素养很好地体现了地理学的特质，指向了学生地理方面的品格和能力，整合了地理知识和技能、过程与方法、情感态度与价值观，可以帮助学生从地理的角度认识自然和社会，适应现在和未来的生活。

核心素养回答了中国当前形式下“培养什么人”和“怎样培养人”的问题。课程改革的关键就是核心素养的实践转化，就是要让核心素养落地生根、开花结果。

二、地理核心素养的落地

著名教育家叶澜教授说：“教天地人事，育生命自觉。”这是对教育最为深刻的解释。作为一名地理教师，我的理想信念就是教天地人之事，润泽生命成长，把教书育人的内涵真正落实在地理课堂上，让地理课程成为播种未来、传播文明的指路明灯。

《地理教育国际宪章》中这样写道：“地理在各个不同级别的教育中

都可以成为长见识、增才干和促兴趣的科目，并有助于终身欣赏和理解这个世界。”地理学科的育人价值就在于培养今日和未来世界活跃又负责任的公民，使其能够积极面对并有能力解决人类面临的发展和环境问题，而这种责任和担当意识需要在真实情境中、在具体问题具体分析的实践活动中培养和提高。

为此，我潜心研究课标、教材和学情，经过不断的学习、思考和实践，逐步凝练出了“自然·润泽”的教学主张。在地理教学中，我遵循教育的自然规律，创设真实情境或带领学生直接到自然中开展探究和体验学习，潜移默化地浸润“品格、认知、思维和行动力”，落实地理四大核心素养，努力实现学生与自然的和谐发展。“润泽”的主题就是生命，其核心包括“润心、润知、润思、润行”。

1. 在问题学习中润心

选择贴近学生认知水平、生活实际和社会现实的情境材料，指导学生发现问题、提出问题。在分析问题和解决问题的过程中，帮助学生树立起正确的资源观、环境观和可持续发展的观念。

例如：学习“洋流对海洋环境的影响”时，取“威望”号沉没的真实材料，加工整理，形成如下情境：2002 年 11 月 13 日晚，载有 7.7 万吨燃油的希腊油轮“威望”号，在西班牙西北部距海岸 9 千米的海域遇风暴发生沉没事故。“威望”号在西班牙海域沉没后，造成大面积石油污染。不久，法国政府因为法国西部海域遭受石油污染向西班牙政府提出严正交涉。

学生看到材料后，提出问题：“威望”号在西班牙海域造成大面积石油污染，法国政府为什么向西班牙政府提出严正交涉？接着带着这一问题进入独立探究的过程，教师此时可指导学生画出北大西洋洋流流向示意图，引领学生思考。最后，通过小组交流，使学生认识到是洋流扩大了污染范围，从而树立保护全人类海洋环境的意识。

2. 在合作学习中润思

课堂上，营造一个师生对话、生生对话的情境，让它成为师生“探究的共同体”。在这里，师生共同探索真理，学会思考，并在合作学习中学会人际交往。

例如：讲“流域综合开发”时，给学生提供长江流域的自然条件及长江流域的社会经济状况图表，然后提出问题：（1）自然条件和社会经济条件对当地工农业发展有哪些有利和不利影响？（2）长江上、中、下游地区开发的重点各是什么？产生了哪些效益？开发过程中存在哪些问题？原因是什么？如何治理？

学生根据老师提供的材料和提出的问题分组展开讨论，学会发表个人的意见；学会倾听并尊重他人的意见；学会从多角度思考问题，如：从要素综合的角度认识地理环境对区域发展的影响，从空间和时间综合的角度认识地理事象的发生、发展和演化；学会正确评析区域开发利用决策的得与失。这一系列的合作学习，逐步培养了学生的综合思维。

3. 在图示学习中润知

地图是地理学的第二语言。“古之学者，为学有要，置图于左，置书于右。”今天，我们有了互联网，有了卫星地图、多媒体、动画等，我们可以充分发挥现代电子设备及软件的强大功能，给学生呈现或模拟区域环境的真实情境，引领学生分析认识地理环境和区域发展的差异。

例如：讲“地理环境差异对区域发展的影响”时，把收集到的现实社会信息提供给学生，让学生分析思考，认识区域差异。如：近年，每当北方大雪纷飞的时候，东北三省的很多人会奔赴远在中国南端的海南三亚，有人笑称“三亚市是东北人的第二故乡”。然后提出问题：海南的三亚为什么会成为“东北人的第二故乡”？

接着，指导学生查阅中国热量带划分图，分析东北和海南两地的经纬度、所处的热量带、气候类型及特征等；根据卫星地图及全景图，了解两地城市建筑及市容景观特点；利用互联网查询两地空气质量、人口老龄化、房地产热、家族聚集等情况。通过分析，学生明白了三亚为什么会成为“东北人的第二故乡”，认识到区域环境差异对人们生活和区域发展的影响。

4. 在体验学习中润行

地理实践活动是培养学生地理核心素养的重要手段。通过地理实验和研学活动的自然真实情境，可以培养学生的动手制作和实验操作能力，也可以培养学生的观察、观测和调查能力，以增强他们的社会责任感和克服困难的勇气、方法。

我结合教学设计的地理实践活动主题主要有与学校资源整合、与学科教学整合、与区域资源整合三种，具体如表 1 所示。

表 1　地理实践活动设计表

来源	活动主题	活动内容	活动目标
与学校资源整合	商丘回中学生对回族文化习俗了解的调查	1. 了解本校学生民族构成 2. 增加学生对回族文化习俗的了解	了解民族习俗，促进民族团结
	回中校园植被的辨识	1. 了解校园植被类型及生长习性 2. 探究校园花木保护措施	了解当地植被类型，学会保护植被，树立正确的生态观
与学科教学整合	杆影法测当地正午太阳高度及应用探究	1. 探究测量当地正午太阳高度的方法 2. 分析当地楼间距的合理性	培养观测、计算、分析的能力，养成求真求实的科学态度
	包河商丘道北段水质调查与分析	1. 包河商丘道北段水质污染原因的调查 2. 取水样分析水质状况	树立正确的环境观、资源观
与区域资源整合	商丘高铁站建设对市区布局影响的调查	1. 对搬迁居民及商户影响的调查 2. 对市区功能区分布变化的调查	关注家乡建设，增强社会责任感
	商丘古城建筑及起源文化考察	1. 考察商丘“龟背城”地形地势 2. 考察古城四合院 3. 了解“商文化”“火文化”的起源	了解家乡建筑与气候、地形的关系，树立天人合一的思想

例如，在学习了“水资源的合理利用”后，我们组织学生开展了“包河商丘道北段水质调查与分析”活动。学生通过观察包河人民公园段的水质、分析水样、采访沿河居民，了解到了水污染的来源及水质的变化对居民生活的影响。最后，学生们撰写出了调查报告和建议。观察和水样分析实验等活动，培育了学生的观察、实验等地理实践能力；走访、调查使学生关注到了地理现象与其他事物的联系，培养了他们的综合思维能力。同时，学生们的环保意识和社会主人翁意识也得到了增强，形成了正确的资

源观和环境观。

综上所述，学科核心素养“不是直接由教师教出来的，而是在问题情境中借助问题解决的实践培育起来的”。因为学科知识本来就产生于某种特定的情境中，脱离了特定的情境，学科知识就缺乏了生命力，就成了冷冰冰的信息符号。

倡导基于核心素养的课程与教学是新时代教育的诉求。让我们不断实践探索，为学生营造出更多的自然、真实情境，让学生在特定的情境中学会提出、分析与解决问题，养成正确的价值观念、必备品格和关键能力，润泽、呵护生命健康快乐地成长。

参考文献

[1] 陈胜庆. 地理课程的核心素养与育人价值 [J]. 地理教学，2015(4)：12–14.

[2] 中华人民共和国教育部. 普通高中地理课程标准（2017 年版）[M]. 北京：人民教育出版社，2018.

[3] 钟启泉. 基于核心素养的课程发展：挑战与课题 [J]. 全球教育展望，2016(1)：3–25.

[4] 李润洲. 指向学科核心素养的教学设计 [J]. 课程·教材·教法，2018(7)：35–40.

[5] 钟启泉. 课堂研究 [M]. 上海：华东师范大学出版社，2016.

高中数学核心素养的培育路径

扶沟县第二高级中学　陈立争

摘　要：本文从创设情境重应用、突出重点抓本质、主题教学重探究、揭示思维重过程、合作学习求高效、“生动活破”提素养六个方面着手探究高中数学核心素养的培育路径，旨在让学生通过这些路径在日常积累中形成良好的思维习惯与行事方式，具备较高的数学核心素养。

关键词：数学核心素养　“三会”　“四基”　“生动活破”

结合立德树人这个根本任务，教学应以学生的终身发展为本。数学教学应该启发学生思考，引导学生学会学习。基于核心素养的教学，重在关注学生如何学，重在了解学生认知水准和认知过程的基础上引导学生如何更好地学。

史宁中教授认为：数学教学应把握数学知识的本质、把握学生的认知过程；创设合适的教学情境、提出合适的数学问题；启发学生思考、鼓励学生与他人交流；让学生在掌握知识技能的同时，理解数学知识的本质、感悟数学思想；立足“四基”（基本知识、基本技能、基本思想、基本活动经验），发展“四能”（发现与提出问题、分析与解决问题的能力），形成和发展数学核心素养。这五个方面是我们在做教学设计时必须认真琢磨的，也是在落实数学核心素养教学时必须用心实践的。

如何在高中数学教学中进行数学核心素养的培育呢？总的来说，要在整体把握课程内容四条主线（函数、几何与代数、统计与概率、数学建模活动与数学探究活动）的基础上做到以下几点：

一、创设情境重应用

学习数学的主要目的之一是应用，即能在实际生活中发现问题并运用数学解决问题，因此，创设合适的问题情境，让学生于情境中发现、提出、分析、解决问题，是提升数学核心素养的重要方法，也是提高我们广大教师创新能力的有效抓手。

比如，在基本不等式部分的教学中，可以创设这样一个问题情境：

有一台天平，两臂长度略有差异，其他准确，现在要用它按如下规则称量物体的质量。

（1）将物体放在左、右两个托盘中各称一次，再将称量结果相加后除以 2 当成物体的质量，得到的结果与物体的真实质量比较是大了还是小了？如果用这台天平称重进行买卖，卖家亏了还是买家亏了？

引导学生对该实际问题进行观察和分析：设物体真实质量为 G，天平两臂长分别为 l_1、l_2，两次称量结果分别为 a、b。由力矩平衡原理，$l_1G=l_2a$，$l_2G=l_1b$，两式相乘并整理得 $G^2=ab$，所以，$G=\sqrt{ab}$，由基本不等式可得：$\frac{a+b}{2}\geqslant\sqrt{ab}$。由于该天平两臂不等长，所以 a、b 不等，故等号取不到，故 $\frac{a+b}{2}>\sqrt{ab}=G$。即称量结果比实际质量大。所以，如果用这台天平称重进行买卖，买家亏了。

（2）试想一下，如果砝码不变，只改变物体的质量，将砝码放在左、右两个托盘中各称一次，使天平平衡，把砝码质量的 2 倍当成物体的质量和，则得到的结果与两次称量物体的实际质量和相比，是大了还是小了？

事实上，仍然可以结合上面推理得到的结论，只不过需要把 G 当成砝码的真实质量，而把 a、b 分别当成两次称量物体的真实质量。这时得到的结果刚好是两次称量物体的实际质量和大于砝码质量的 2 倍，故 $a+b>2\sqrt{ab}=2G$。即物体实际质量和比称量结果大。

二、突出重点抓本质

“把厚书读薄”是我国著名数学家华罗庚先生所主张的读书方法。他告诉我们要多读书，因为你个人的知识底蕴和阅读能力会影响你的理解能力，影响你对问题本质的揭示与把握，进而影响你的思维习惯。在教学过程中，我们要引导学生认真阅读教材，读其中的知识背景、概念、定理、公式、结论，读教材上的例题、习题、练习题和复习参考题，以及这些题中隐含的数学思想、数学方法、思路切入等。“把厚书读薄”意味着能抓住重点、悟透知识与方法的本质。数学学习就是要把纷繁复杂的内容变得简洁、明了，只有这样才能更好地感悟这些内容中蕴含的数学思想，才能具备“四能”，形成良好的数学思维习惯，提升数学核心素养。举例如下：

错位相减还是错位相加？

在进行数列求和时，有一种方法叫错位相减法，它适用于一个等差数列与一个等比数列对应项作积构成新数列的求和。具体操作常常是写出前 n 项和 S_n 的表达式后，在式子的两边同时乘公比 q，两式错位相减后，再利用等比数列的求和公式，经运算求得结果。2020 年高考数学全国 I 卷理科第 17 题第（2）问就是考查的这个方法，其中等比数列的公比是 -2。

有位同学说，他也做出来了，但用的方法不是错位相减，而是错位相加。我当时听了很疑惑：没听说过错位相加呀，如果按错位相减的操作过程进行错位相加，肯定算不下去。但我并没有不问青红皂白地反驳他，而是让他写下了详细的解答过程并认真细读，发现他没有在 S_n 的表达式两边同乘公比 -2，而是在式子两边同乘了公比的相反数 2，所以进行了错位相加。这样看来，其实质是相同的。事实上，在处理问题的过程中，不管相加还是相减，只要能抓住问题的本质——错位相消后转化为等比数列求和就行了。

三、主题教学重探究

王尚志教授认为：主题教学就是从单个知识点、单个课时的教学中跳出来，从更宽的范围，站在更高的角度用更一般的思想（方法、内容）进行整体教学设计和实施。主题教学要求我们从数学课程整体上认识教学内容，它是帮助学生抓住问题本质，提升数学核心素养的重要方法。教师在教学之前应先把教学内容放一块儿想一想，哪些是重点内容，哪些要细教详学，哪些要粗教略学，哪些可以从整体把握。所以，在日常教学中，我不仅要求学生认真读教材，自己也认真读教材。只有从整体上把握教材，教学才能更加有效。例如，结合人教版高中数学必修 2 第 114 页、133 页和 144 页的相关习题，提炼出所有“对称”问题的素材进行主题教学，可以让学生对“对称”问题有一个全面深入的认识。如果我们能引导学生在自主学习的过程中，注意从教材中思考、挖掘主题教学的相关素材，就能帮学生逐步提升学习能力，积累学习经验，提升数学核心素养。

借助教材进行主题教学素材的挖掘和提炼，既应成为我们的一项日常教学研究，也应成为教师帮助学生提升其数学核心素养的一个重要抓手。

四、揭示思维重过程

1. 揭示学生的思维过程

揭示学生的思维过程可以从以下几个方面着手：首先，可以从学生的作业和试卷上题目的解答过程分析学生的思维过程；其次，可以从课堂上学生演算的字里行间和研讨的只言片语中观察其思维轨迹；最后，也可以在学生向教师请教问题时了解其思维过程。当学生问我问题时，我一般都会问：你想到哪一步了？卡在哪儿了？你是怎样想的？这样做，可以帮学生快速找到其思维断点，及时抓住他们的思维和知识现状，利用他们的最近发展区帮其完善知识方法，使其能在教师引导下自主解答问题。

2. 揭示教师的思维过程

除揭示学生的思维过程外，教师还要有意识地揭示自己的思维过程：明确解题目标，通过观察、分析、比较已知与目标的差距，联系与已知或者目标有关的事实，利用数学思想方法对要解决的问题进行转化以实现解题目标。教师也有思维碰壁的时候：有可能思路不对需要转换思路；也有可能需要再认真审题，挖掘出更多有用的信息；还有可能要从方法、思想或者条件的结构特征上与做过的问题进行联系，寻求解答方案……把教师的思维过程都揭示出来，不但能让学生感受到教师成功解答问题时的思路走向，更能使其感受到教师发现问题所在、走出误区的思维活动全过程。揭示教师的思维过程能够告诉学生解题过程是一个艰辛的探索、发现过程，只有勇于实践、不怕困难，才能最终战胜困难，走向成功！

五、合作学习求高效

在高中数学课堂上进行合作学习可以有效提高学生的数学核心素养，但在实际教学中合作学习常存在以下几点问题：第一，学优生在活动的过程中处于主导地位，甚至某些教师认为他们探究的成功就预示着“小组合作”的“成功”；学困生在合作学习过程中处于被动地位，他们搞不明白学习的内容，也听不懂学优生的分析与讲解。学优生得到长足发展固然很好，但我们希望更多的学生甚至所有的学生都能在合作学习中获益，都能取得更好的进步。第二，因为个别的合作探究问题对学生过易或过难，造成仅有合作形式而欠缺合作实质的情况时有发生。第三，各小组在合作探究之后，都展示了各自的探究结果，但由于时间不足等原因，教师没有给予总结和反思引导，就草草结束该环节，匆忙进入了下一环节，使得合作不够深入。结合这三个问题，根据多年教学经验，我对合作学习的有效开展提出以下三个应对策略。

1. 加强师师合作

师师合作是教师通过集体备课、研课、研究设计导学案，针对学生的思想、认知及常见问题等交流彼此想法与实践经验的过程。这个工作主要在课前或课后进行，当然也可以在课堂上实现授课教师与观课教师的合作，他们可以在授课与观课的过程中发现问题，针对问题认真商讨，共同研究应对方案。

2. 加强生生合作

学生在结合教材和学案自主学习之后，在小组内把疑惑和问题提出来进行合作探究。教师可安排数学成绩相近的学生先进行交流，因为他们的思维能力比较接近；也可以让成绩稍好的学生给成绩稍差的学生讲解，这样对双方均有利，成绩稍好的学生通过给别人讲解自己的想法可加深理解，成绩稍差的学生也因别人讲的知识在自己的最近发展区上而获得对这个问题的新认识。完成之后，小组长再拿本组未解决的问题请教老师或者与大家讨论。

3. 加强师生合作

首先，在师师合作与生生合作的基础上，教师要利用导学案设计的自主学习与合作探究检查学生自主学习的成果，及时解决学生在合作探究中存在的问题。其次，教师应注意观察学生的合作研讨过程并做出适时点拨。最后，教师应通过对学生合作研讨结果的归纳、抽象、串联、整理，总结出学生合作研讨的成果，并在所得成果的基础上进一步拓展，从而帮助学生取得更多收获。

六、“生动活破”提素养

真正的学优生不是教出来的，而是学出来的。所以，教师教学的重点应放在如何激发、唤醒学生自主学习的意识。教师要引领学生由记中学到做中学和悟中学，提升自己的数学核心素养。

经过多年的教学实践和思考提炼，我总结出生为本，动为线，活应用，破疑难，即“生动活破”提素养的方法。生为本，即在深入理解学生的基础上，在课堂教学过程中运用精心恰当的设计，通过分层次的问题设置让所有学生思维都动起来，通过对典型问题的思考与探讨让生生、师生互动，通过合理的组织让学优生当“小老师”深入地动起来。动为线，即在需要讲解的地方，尽量用精练幽默的表达让课堂有趣生动起来。学生在这样的教学活动过程中，能够理解知识的来龙去脉，了解知识的拓展变化，进而理解知识的本质。活应用，即在公式或定理教学中，通过问题的适当训练使学生对数学公式或定理不但能熟练地“正用”，还能进行“逆用”“变用”。这个过程可以让学生的思维活起来，让数学真正成为思维的体操。做到了这些，课堂重点的强化、难点的突破、知识的生成、能力和素养的提升，都会在学生自然而然地参与课堂活动的过程中顺利实现，即做到了破疑难。

总之，在高中数学核心素养培育过程中要逐步引导学生悟透概念、明了定理，直观想象、严密思考，善思细算、勤于分析，活用模型、解决问题。

参考文献

[1] 史宁中，林玉慈，陶剑，郭民．关于高中数学教育中的数学核心素养——史宁中教授访谈之七［J］．课程·教材·教法，2017（4）：8–14.

[2] 王尚志，胡凤娟．基于数学核心素养的教学要点［J］．上海课程教学研究，2017（4）：3–8.

[3] 吴刚平．课堂教学从记中学转向做中学与悟中学的认识基础［J］．上海课程教学研究，2018（3）：13–18.

课堂·文本·表达·评价

——关于高中语文核心素养的思考与实践

汝州市第二高级中学　张书群

摘　要： 针对如何在高中语文教学中培养并提高学生的语文核心素养这一问题，我们要从课堂、文本、表达、评价四个角度切入。课堂是基本阵地，需要教师向学生传授学习方法，指明方向，引导学生主动思考、主动学习。文本是重要工具，需要教师带领学生挖掘文本文化内涵、感悟和体验文本，从而培养文化审美意识和文化审美情趣。表达是主要渠道，需要教师帮助学生建构语言运用体系、发展思维能力。评价是核心驱动力，需要教师立足日常教学，指向高考，完善评价体系。本文试图着眼教育现状、结合教学实例阐述关于提高高中语文核心素养的思考与实践，旨在为一线高中语文教师教学工作提供借鉴。

关键词： 核心素养　语文教学　课堂　文本　表达　评价

高中语文核心素养主要包括四个方面，一是语言建构与运用，二是思维发展与提升，三是审美鉴赏与创造，四是文化传承与理解。在高中日常教学实践活动中培养、提升高中生的语文核心素养，是我们高中语文新课改的基本方向和重要任务，也是实现素质教育的基本要求。

一、课堂是基本阵地

1. 积极引导，让学生有安全的心灵港湾

学习的主体是学生，如果学生不参与，教师的教学活动就无法展开。

所以在语文教学实践中，教师要有意识地去引导学生积极主动参与。教师在引导学生的过程中应注意以下两个关键词。

第一个关键词：尊重。我们都有独立的人格，都需要尊重，学生也不例外。我们不管是在教学中还是在生活中都应尊重学生的人格、接受学生的不同。我们只有尊重学生，才能获得他们的尊重，才能构建民主、和谐的课堂氛围。

第二个关键词：赞美。我们的学生大多是未成年人，这就要求我们要把握未成年人的心理特征，多鼓励、多夸赞，帮助他们树立学习的信心，给予他们生活上的帮助。我们要拨动他们的心弦，要做照亮他们道路的那盏灯。

2. 细化目标，让学生有明确的方向

对我们大部分人来说，提到 42.195 千米的马拉松比赛，很多人都会望而却步，而跑完 1000 米的距离则大都可以完成，跑完 100 米更不在话下。

运动如是，学习亦如是。我们的学生，有时候完全掌握一篇文章可能不太容易，但是我们可以制定明确且细致的教学目标引导他们把难题化整为零，分解为多个相对较容易的问题，逐个击破。

3. 多提问题，让学生主动思考

学生产生疑问，就是解决问题、完成学习任务的开端。在课堂上，教师不仅要有意设置符合教学情境的问题，还要启发、引导学生自己发现问题，从而把学习过程转化为学生发现问题、思考问题、解决问题的过程。

如在《过秦论》的教学中，我们可以引导学生探讨下面几个问题：“课文‘论’的是什么？怎样‘论’的？”“秦之过有哪些？”“秦之过带来了什么影响？”“课文给我们什么启示？”这几个问题就是整个课堂的线索。学生主动思考并解决这些问题也就掌握了这篇文章。

4. 学以致用，让学生眼高手也高

语文是一门艺术。在我们的教学实践中，语文主要表现为听、说、读、写、思和演等活动。在语文教学过程中，教师不仅要讲解课本知识，更要“传道、授业、解惑”，让学生听得懂、说得出、读得美、写得好、演得像，这也是调动学生学习积极性的过程。

如在学习《念奴娇·赤壁怀古》的时候，可以让学生欣赏歌曲《大江东去》

来激起学习兴趣，感受长江的雄浑气势；可以让学生说说看过的江河来练习景物描写；可以让学生说说三国人物来分享历史知识；可以让学生通过齐读感受氛围，通过自读体验内涵，通过展示读分享朗诵技巧；可以让学生写一写自己眼中的赤壁之战来提高写作水平；可以让学生扮演大将周瑜，把握人物形象，寓教于乐……

5. 强调方法，让学生少走弯路

方法指明方向。首先，坚持贯彻素质教育，不能以成绩作为评判学习好坏的唯一标准，而要坚持促进学生全面发展，为学生指引正确的方向，让其少走弯路，更不能走入歧途。其次，教师要有意识地向学生传授不同学习内容所应采用的不同学习方法。例如，对于客观的、有固定答案的知识，强调对知识的记忆；对于主观的、开放性的知识，强调理解等。

核心素养要在教学实践中真正落实，就要求广大教师加强对核心素养的认识，不断学习充实自身，不断创新，在教学实践中探索出符合学生实际的教学方法。

二、文本是重要工具

1. 挖掘文本文化内涵，让学生领略文化之美

文化作为一种精神力量，对人的精神世界有教化作用，能让人知礼仪、辨廉耻。我们的教育不仅要让学生成才，更要让他们成人，因此，我们的语文教学不仅仅是传统意义上的“授之书而习其句读”，更重要的是挖掘课本的文化内涵，让学生领略文化之美，从而实现语文核心素养的提升。

例如，通过对《苏武传》的学习，我们可以引导学生了解人物传记的基本写作方法、常用文言知识、人物描写方法等语文知识。除此之外，我们更要引导学生学习苏武忠贞不渝的爱国精神、舍生取义的家国情怀。挖掘文本文化内涵，让学生具备基本的审美能力是语文教学的价值所在，也是核心素养形成的基本条件、必要条件。

2. 树立文化意识，让学生养成文化自觉的习惯

新课标强调学生的德智体美全面发展，强调学生的积极参与。在教学实践中，我们要引导学生接受文学的陶冶、获得丰富的审美体验，从而养成自觉审美的习惯。通过语文学习，学生可以体味作品中反映的生活经验、情感态度、语言艺术。学生在优美作品的熏陶下，受到精神层面的教育，从而具备基本的审美能力。

例如，在《小狗包弟》中，巴金通过回忆小狗包弟与自己一起生活时的可爱样子，写出了自己由于形势所迫把它送到医院供人解剖研究的自责与无奈。文章语言朴实自然，但蕴含着作者浓烈的情感，使人读后潸然泪下。学习时，我们要坚持引导学生从文化的视角感悟文本，从中汲取精神养分。

3. 从文化的高度观照文本，让学生养成高雅的审美情趣

众所周知读书对一个人的重要性，但读什么、怎么读也很重要。我们在读书时，仅仅明白作品的内容和结构是不够的，还要弄明白作者想要表达的情感和写这篇文章的目的。金庸曾经谈到他创作小说的出发点，归结为一句话就是“侠之大者，为国为民”。一个有担当的作家会通过他创作的作品教人领悟真善美，而真正好的作品会让人崇真向善，提供精神动力。

“读书好，读好书”的前提是要喜欢读书，也就是“好读书”。要想在书中吸取养分充实自身，教师、学生都要主动去阅读。教师必须借助广泛的阅读来提高自己的业务水平，开阔自己的文化视野，故步自封满足不了现代教育发展的需要。同时，教师要引导学生养成爱读书的习惯，并从读书中养成高雅的审美情趣，反过来再用高雅的审美情趣提高阅读质量，从而形成良性循环。

4. 高于文本不脱离文本，坚持语文的基本特性

语文课是让学生在把握文本语言的基础上感受作者的思想感情，领略作者的情怀，从而受到熏陶和感染，最终完善自身人格。所以，语文教师要坚持培养语感的目标，引导学生从文本中汲取精神食粮，从而促进他们核心素养的提升和人格的完善。

三、表达是主要渠道

1. 重实践，通过辩论、演讲建构学生语言体系

语言是人类最重要的沟通工具。语言能力的强弱是由语言建构的基础决定的，我们在教学实践中要着重训练学生的语言表达能力。建构语言体系、提高语言运用能力的最好方式是实践，所以教师在课堂上可以组织学生分组进行辩论或演讲，让他们在实践中建构语言体系并能够灵活运用。

关于林黛玉与薛宝钗的各种争论历来层出不穷，教师在讲授《林黛玉进贾府》时可以利用这个机会，组织学生进行辩论活动，以“在你看来，林黛玉和薛宝钗哪一个人更适合做朋友”为题，引导学生分析林黛玉、薛宝钗性格的优、缺点及两人的人际关系。这一辩论活动可以使学生在掌握课文内容、加深对人物形象理解的同时，了解《红楼梦》的精神内涵。同时，在这个辩论的过程中，学生既可以提高语言表达能力，又能够从文本中得到为人处世的启示。需要注意的是，辩论的目的不只是要让学生掌握某一词语的用法，或者某一问题的回答方法，而是要帮助学生增强语感，建构完整的语言运用体系，从而提高学生的语文素养。

除此之外，课前（课下）简短演讲，课堂诵读展示、分组讨论，小小故事会等，都是培养、提高学生表达能力的有效方法。

2. 重拓展，通过主题探究培养学生思维能力

在教学实践中，除基础知识的学习外，还应注重学生基本素质的提高。思维能力的发展是核心素养的重要内容之一，不管是教师还是学生都应自始至终将探究的理念深植心中。教师可以组织学生进行一系列探究活动，促进学生从单向思维转变为多向思维，让学生在探究中发展思维能力。

在课堂教学中开展拓展学生思维的教学活动需要注意些什么？

其一，重视学生的主体作用。学生是主题探究活动的中心。在探究活动中，应结合学生学习情况设置符合教学实际、由易到难、重点突出的问题。教师要把握学生心理，先通过浅显易答的问题激发学生的探索兴趣，再提高难度，让学生“跳一跳”，经过用心思考、探索，才可以摘到“桃子”，得出结论。

其二，言之成理即可，不能给学生唯一的答案。语文教学与数学教学不同，数学习题答案大都是固定的、唯一的，但语文习题答案则不是这样。我们在平时的语文教学实践中，若过分强调统一的答案，就会使学生思维僵化。语文习题答案不仅可以用“对”“错”评价，更多的时候要用“合理”与“不合理”、“好”与“不好”来衡量。假如我们能够引导学生打开思路，畅所欲言，那么，我们的语文课堂定能迸发出思维创新的火花。

3. 重表达，通过读写结合提高学生书面表达能力

表达是将我们的所思、所想、所得用语言表达出来。提高学生书面表达能力的方法有很多，而最为直接、可操作性最强的就是读写结合。

譬如，学习《荷塘月色》《故都的秋》等写景散文时，可以让学生背诵文章中的优美字、词、句，并仿照课文的环境描写来进行写景练习；学习《就任北京大学校长之演说》及《我有一个梦想》等演讲稿时，可以让学生了解演讲稿的写作方法，并仿照课文练习尝试写写演讲稿；学习《装在套子里的人》时，可以让学生借鉴作者对别里科夫的描写方法，结合身边人物的外貌、语言、动作、神态等练习人物描写。坚持读写结合，一步一个脚印，一定能提高学生的书面表达能力。

四、评价是核心驱动力

基于高中语文教育现状，我认为，提高学生的语文核心素养，促进学生全面发展，要从改变评价方式开始，要建立科学的评价体系。

1. 课堂即时评价是直接标尺

课堂即时评价“简约而不简单”，它是课堂教学的导向标、原动力，它的作用不可忽视。课堂即时评价不是立即评价，更不是简单地判断对错，而是要给学生思考和整理语言的时间，倾听他们的想法，进而给出中肯的评价，尤为重要的是要通过必要的点拨对学生进行激发、鼓励与唤醒。这样，每一次评价都是一级上升的台阶，语文课堂就是学生通往知识高峰的阶梯。

2. 学分认定评价是有效标尺

学分认定评价要由学校组织开展，由学校学分认定委员会具体实施学分认定。根据开展课程的性质，学分认定的形式主要可以分为学业认定（本校课程）、证书认定（考试、比赛）、过程记录（活动总结与评价）等形式。同时，还要把基本学分及奖励学分综合起来进行整体学业评价。基本学分是学生在规定的时间内完成学校安排的课程并通过考试后被给予的规定学分。奖励学分是为了鼓励学生发展自身特长，在学生完成学校规定课程的同时，结合自身实际，有选择地发展自己的才能和潜力而取得的学分。

3. 高考是评价语文核心素养的最终标尺

高考语文的阅读板块体现核心素养。高考语文更注重基础性、综合性的考查，更注重语文能力及语文素养的考查。教师在引导学生提高语文答题技巧的同时，还要引导学生自觉践行社会主义核心价值观，扛起传承中国优秀传统文化的大旗，树立创新意识和家国情怀。

高考语文的作文题更体现核心素养。近年，高考语文作文题具有立德树人和以人为本的特点。题目关注新形势，把握新常态，推广新发展理念。材料甄选精当，强化思辨，贴近考生，激发思维，与核心素养紧密相关。

核心素养不是写在文件上的文字，而应是在课堂上开出的花，结出的果。作为高中一线教师，我们只有积极地探索、研究、实践和总结升华，才能把握方向、抓住重点，让核心素养在教学实践中生根发芽，结出硕果。

参考文献

［1］张一山．语文教学要落实高中学生的核心素养——从两节课看高中古代诗歌教学的真正取向［J］．语文知识，2016（3）：5-8.

［2］秦威威．浅谈高中语文教学中对学生创新思维的培养［J］．课外语文，2015（12）：107.

［3］中华人民共和国教育部．普通高中语文课程标准（2017 年版）［M］．北京：人民教育出版社，2018.

［4］邢红军．中小学思维教学的深化研究［J］．课程·教材·教法，2016（7）：33-39.

基于核心素养的高中语文教学拓展与延伸

商丘市第一高级中学 竟 霞

摘 要：新课程标准下语文教师应该改变自身的观念，建设开放而有活力的语文课堂。同时对高中语文教学进行课堂内外的拓展与延伸，并开展丰富多彩的实践活动，让核心素养落地生根。

关键词：核心素养 高中语文 拓展 延伸

《普通高中语文课程标准（2017年版）》提出："语文学科核心素养是学生在积极的语言实践活动中积累与构建起来，并在真实的语言运用情境中表现出来的语言能力及其品质；是学生在语文学习中获得的语言知识与语言能力，思维方法与思维品质，情感、态度与价值观的综合体现。"

2017年的语文新课标把语文学科核心素养凝练、整合成四个方面：语言建构与运用、思维发展与提升、审美鉴赏与创造、文化传承与理解。这四者不是独立的存在，而是相互联系的。如何通过我们的课程来具体落实语文核心素养的四个方面？如何引导学生在学习解决综合而又复杂的现实问题的过程中实现人的全面发展？这是核心素养提出后我们教育工作者需要思考的问题。探索在具体的教学实践中让核心素养落地生根的途径，是我们语文教师义不容辞的责任。

作为语文教师，我们要把课上得有厚度、有广度、有深度。我们可以利用课堂这一主阵地，通过课内外知识的拓展，全面提升学生的语文素养，让学生在学习语文的过程中不仅积累语言文字和文学素养，而且学会思考人生、认识人生，学会如何做人，为自己的人生打上厚重的底色。

一、课内拓展与延伸

1. 向广度拓展

《沁园春·长沙》是高中语文必修一的第一课，我在教这一课时，按照举一反三的原则，又从课外挑选了一些毛泽东诗词，如《沁园春·雪》《卜算子·咏梅》《呈父亲》等供学生欣赏，尽可能拓宽诗歌的广度，引导学生积累不同时期的毛泽东诗词，引导学生认识伟大领袖毛泽东的豪情与才情。

向广度拓展就是以课文为原点向外辐射，就是尽可能地让学生领略到同一作家不同时期的作品，了解作品的创作背景、创作动机和创作过程。同时，在历史长河中全面客观地了解作家本人，做到知人论世，以便学生更深入地理解作品，积累文学素养。

2. 向深度拓展

福建师范大学文学院孙绍振教授曾说："在语文课堂上重复学生一望而知的东西，我从中学时代对之就十分厌恶。从那时我就立志，有朝一日，我当语文老师一定要讲出学生感觉到又说不出来，或者以为是一望而知，其实是一无所知的东西来。"而我们现在的个别课堂，教师也在课堂上不断地提问，也有看起来很热闹的学生积极参与的分组讨论。其实教师的个别提问是无意义的提问，看似热闹的分组活动有的也只是流于形式。教师引领学生在分析文本时始终是飘在文字之上的，没有深入文本理解文字背后的深层含义，根本体会不到语言文字的张力与魅力。

教师要引领学生品味带有温度的文字，要带领学生深入文本，认真研读，读出语言文字背后的含义。

向深度拓展就是以课文为原点深入下去，就是尽可能地让学生在"广积粮"的同时"深挖井"。我们的语文教学必须有思维的含量，不能仅仅只靠几张幻灯片来解决问题，而是要创设情境，引领学生品味语言，真正读出语言文字背后的深层次情感。

3. 向作家本人拓展

萨特说："人总是故事的讲述者，他被自己的故事和别人的故事环绕着生活。"每一个能够选入高中语文课本的作家或人物后面，都有一个丰富而博大的世界，包括他们的生平、他们的经历、他们的追求、他们的婚姻、他们的战斗。了解作家，不仅让学生了解了文章的创作背景、创作动机，也让学生走进一个个真实的生命、真实的人生，从而获得对他们自身成长更有意义、更有价值的启示和帮助。

如在讲解《记梁任公先生的一次演讲》这一课时，要引导学生思考这是梁实秋二十年后回忆梁启超的一次演讲，为何时隔这么多年梁实秋依然记忆深刻？文章中并没有重点写梁启超演讲的内容而是侧重写他演讲时的肢体语言，这样写有什么好处？为何梁启超在演讲中一会儿哭一会儿笑？你如何理解他的哭与笑？这一系列的问题促使学生深入理解文本，联系背景，走进梁启超的内心世界。梁启超是戊戌变法的领袖之一，他由自尽殉国的崇祯皇帝想到了大力推行变法的光绪皇帝，他为光绪皇帝被软禁，维新变法的失败而悲，他为空有一腔爱国热情却无法实现而悲。当讲到杜甫的《闻官军收河南河北》时，他又于涕泗交流之中张口大笑，从他的一涕一笑中我们看到他崇高的爱国精神。在讲到《箜篌引》时，梁启超想到知其不可为而为之的谭嗣同，谭嗣同甘愿牺牲以救国的勇气与爱国情操让他深为敬佩，为之感慨。了解了时代背景，研读了文本内容，学生便能够真切地感受到一位学识渊博、性情真挚、忧国忧民的梁启超。

再如在讲授林庚的《说木叶》时，我扩充了林庚的故事“最后一课”：

林庚退休之前，北大中文系特意为他安排了一堂“告别课”。尽管从1933年在清华大学给朱自清当助教开始，林庚已经执教半个世纪，但他的讲课题目还是几经更换才定下，讲课内容也斟酌再三，教案更是足足准备了一个多月。林庚的最后一课讲的是《什么是诗》。消息一经传出，整个燕园为之一振，前来聆听者络绎不绝，名流如云，极一时之盛。讲课那天，身高一米八的林庚先生穿着一身经过精心设计的黄色衣服，配一双崭新的黄皮鞋，头发一丝不乱地出现在讲台上。按照钱理群的说法，“美得一上台就震住了大家”。课堂上，他款款讲来，滔滔不绝。课后回到家中，他一进门便倒下了，大病了一场。他竭尽全力用自己的生命在上人生的最后一课啊!

这个故事的补充让学生对学者林庚肃然起敬，他们都被林庚先生的敬业精神征服。

读文更读人，就是让学生认识到教材中的每一个作家都是一座丰富无比的矿藏，我们可以从中挖掘出很多有益于语文核心素养培养的精神食粮。

二、课外拓展与延伸

1. 利用名人事迹拓展

一些名人事迹对学生来说本身就是最好的教材，为此，我们课下收集整理了大量的名人事迹制作成学案让学生阅读，用以拓展学生的视野。

第一序列：科学家系列。如钱学森、邓稼先、华罗庚、袁隆平、吴大观、罗阳、黄大年……

第二序列：时代楷模系列。如南仁东、程开甲、王逸平、王继才、景海鹏、郑德荣……

第三序列：“感动中国”人物系列。精心整理每年“感动中国”人物的先进事迹及颁奖词。

第四序列：文化名人系列。如莫言、陈忠实、贾平凹、钱锺书、林徽因、路遥、史铁生、余光中……

第五序列：当代名人系列。如白岩松、撒贝宁、姚明、杨澜……

这些名人不平凡的经历激励着学生不断克服学习生活中的困难，不断超越自我，努力奔跑，拔节生长。

2. 利用诗歌拓展

在高中语文教学中，我们不可忽视现当代诗歌的作用。一些经典诗歌，如汪国真、舒婷、泰戈尔等人的诗歌，对学生可以产生终身影响，所以让学生阅读并朗诵现当代诗歌对他们语文核心素养的积累是大有裨益的。我曾在一个寒假为学生留了一项作业就是读背这些经典现当代诗歌并选出一首诗歌进行配乐朗诵，取得良好的效果。

3. 利用名言隽语拓展

背诵名言隽语一方面可以丰富写作语言，另一方面可以启迪人生。每天晚自习我都让学生轮流搜集整理经典名言隽语抄在黑板上，如“以出世的精神，做入世的事业”“与其诅咒黑暗，不如点亮灯火”“人要从蒙昧中挣脱，就像叶子要从蜷缩中挣开”“成长中的每一次低头，都是对自己的肯定”“以风的执念求索，以莲的姿态恬淡，将岁月打磨成人生枝头最美的风景”等，这些名言如今已成为学生的座右铭。长期坚持下来，我们师生已经共同搜集整理了近千条这样的名言隽语。

三、向语文实践活动拓展延伸

语文实践活动是提高学生语文核心素养的有效途径。语文实践活动应该紧扣如何提高学生的语文核心素养开展。

1. 请专家学者进课堂

我们邀请了商丘著名诗人夏汉、班丽娜走进课堂，指导学生创作现代诗歌；邀请全国著名语文专家黄厚江、王大绩走进课堂指导学生复习备考；同时还邀请河南省戏曲名家讲授戏曲知识。

2. 走进图书馆

每周二下午固定时间安排学生走进图书馆，让学生在繁忙的学习之余感受语言文字的魅力，沉浸在阅读的快乐之中。

3. 月读一本书

为了让学生的阅读真正落到实处，加强对学生阅读的督促，我把读书活动细化到一个月阅读一本书，并且规定学生读完一本书要上交一篇读书笔记。学生可以阅读教师推荐的图书，也可以自选图书阅读。我会在每月都抽出固定的时间让学生交流读书感受，在班级里营造浓厚的读书氛围，开阔学生的阅读视野。

4. 名著整本书阅读

为了充分利用暑假、寒假这两大块读书时间，我们带领学生开展了“同读一本书”的名著整本书阅读活动，目的主要是引导学生阅读教材要求学生阅读的《大卫·科波菲尔》《巴黎圣母院》《高老头》《雷雨》《红楼梦》《三国演义》《堂吉诃德》等经典名著。同时，要求学生撰写阅读感受，制作幻灯片，开学后在班级内开展读书交流活动。在这一活动中，学生读的是同一本书，更易于碰撞出思维的火花。

5. 充实班级图书角

每学期开学让学生从家里带来两到三本图书，放在班级图书角里，由图书管理员对这些图书进行分类管理，并编写书目，在班级内传阅。图书管理员定期追缴超期借阅图书。学期结束后，对班级图书角藏书情况、借阅情况进行统计，形成班级学期《图书阅读报告》，为学生提供参考和建议。每学期发布《班级图书报告》，包括藏书数量、购书情况、借书情况和借阅建议。这一活动极大地激发了学生的阅读兴趣。

6.“课前五分钟”演讲

课前五分钟，班里的学生按照学号轮流演讲，每人一天。演讲主题由我提前规定，学生要提前准备演讲稿。我们的演讲主题丰富多样，如课前一首诗、品中华成语、我的座右铭、推荐一本书、我最喜欢的一位作家、我最喜欢的人生格言等。

语文教学既要关注当下，又要关注未来；既要让学生取得优秀的学业成绩，又要拓宽学生的视野，还要丰富学生的人生阅历，提升学生的语文核心素养，使之成为有能力、有智慧、有情怀、有担当的人。

参考文献

[1] 荣晓燕. 基于语文学科核心素养的高中语文现代文阅读教学 [J]. 语文教学通讯，2018（11）：74-76.

[2] 陈涛，巩道坤. 基于核心素养的高中语文阅读教学策略探究 [J]. 现代教育，2018（9）：52-53.

[3] 邹奋利. 基于语文核心素养的现代文阅读教学探究 [J]. 语文教学通讯，2018（4）：41-43.

第二章

初中篇

初中化学教学落实核心素养的思考与实践

平顶山市第十三中学 高亚丽

摘 要：本文明确了“双基”、三维目标、核心素养之间的传承关系，并探讨了初中化学教学落实核心素养的六个课堂实施策略，即重视基础知识、形成思维品质、改变教学方式、增强实验探究、创设真实情境、渗透人文素养。

关键词：化学学科核心素养 思维品质 实验探究 人文素养 创设情境

2016年9月，《中国学生发展核心素养》总体框架正式发布，“核心素养”随即成为热点话题。在聆听了一些专家的讲座，阅读了一些有关的图书、论文之后，我有了自己的思考：“双基”、三维目标与学科核心素养之间有无关系？学科核心素养该如何在课堂教学中实施？尤其是在九年级化学教学中落实初中化学学科核心素养应如何兼顾中考？带着这些思考，我一直在课堂教学中寻找答案。

什么样的一节课才算是好课？崔允漷教授认为，一堂好课没有统一的标准，但总有一个边界：教师教得有效果，学生学得有效果，考试结果令人满意。初中化学作为一门独立的课程只在九年级毕业班开课，所以考得满意与学得愉快一定是要兼顾的。因此，教师要用逆向思维进行教学设计，从两个结果（考得满意和核心素养的落实）逆推，打通一条可行的路径。教师应该明确“双基”、三维目标、核心素养的传承关系，并在此基础上寻求一套可行的课堂策略。

一、明确“双基”、三维目标、核心素养的传承关系

20世纪八九十年代我国教育强调“双基”，2001年启动的新课程改革从“双基”走向三维目标，当今的教育改革从三维目标走向核心素养。过去一直沿用的三维目标与核心素养并不脱离，两者有着高度的一致性。后者是包含前者的，后者是对前者的发展和超越。要形成核心素养，离不开三维目标；而核心素养的培养，更能促成三维目标的达成。

初中化学教学中知识与技能、过程与方法、情感态度与价值观的三维目标涵盖了初中学生化学学科核心素养的基本要求，应依据初中化学教学的具体内容落实于初中化学教学之中。

《普通高中化学课程标准（2017年版）》凝练了化学学科核心素养。化学学科核心素养是学生具备化学学科特质的关键能力和品格。化学学科核心素养包括宏观辨识与微观探析，变化观念与平衡思想，证据推理与模型认知，科学探究与创新意识，科学态度与社会责任。具体表现为：了解化学科学，形成信息素养，初步学会实验探究，解决简单化学问题，形成化学科学价值观。

《普通高中化学课程标准（2017年版）》还对“重视开展‘素养为本’的教学”有这样一段论述：“倡导真实问题情境的创设，开展以化学实验为主的多种探究活动，重视教学内容的结构化设计，激发学生学习化学的兴趣，促进学生学习方式的转变，培养他们的创新精神和实践能力。”该段论述也成为初中化学教学落实核心素养的指导意见。

二、初中化学教学落实核心素养的课堂实施策略

在进行初中化学教学设计时，应该立足课程观、教材观，向上对接学科核心素养，向下对应每一个知识点的知识目标，将知识点分解细化，在有针对性的学习活动中落实核心素养。

1. 重视基础知识——落实核心素养的载体

初中化学是学生学习化学知识的启蒙阶段，要对基础知识常抓不懈，

比如，经常让学生默写化学方程式、物质的化学式、元素的化合价与常见的七种沉淀等。日常教学中发现部分学生基础知识掌握得不牢固，如写错别字、化学式写不对等。盖高楼大厦必须打好根基。基本的学习方法，如记忆、默写必不可少。记忆是最有效也是最必要的方法。当然，要在教师指导下理解记忆，而不是死记硬背。为此，我们在课堂上推出课前三分钟针对性默写环节：每节课刚上课时抽出三分钟在作业本上默写上节课的重点、难点、易错点，或通过填写过关卡等形式考查学生的识记情况。通过这样的检测练习，学生一方面可以发现自己在知识掌握中的不足，另一方面还可以对典型知识点进行有效复习，以达到巩固的目的。

2. 形成思维品质——落实核心素养的方法

化学有它的学科特殊性，它综合了自然科学的实验探究，数学的推理计算，语文的理解想象和外语的符号记忆。

教化学，只有把握化学与其他学科的不同之处，有意识地培养学生的化学思维，才能让学生真正学会化学。

针对化学学科特点和学生普遍存在的问题，初中化学教学要重视宏观现象、微观粒子、化学符号、数字之间的引导训练，重视科学解释性评价，引入多媒体技术。大量的教学实践也证明，学生能否理解“可观察现象的宏观世界，分子、原子、离子构成的微观世界，化学式、化学方程式和元素符号构成的符号世界”这三者之间的内在联系，是影响学生化学学习的重要因素。以“水”为例，从水（H_2O）是由氢元素（H）和氧元素（O）组成的，水是由水分子构成的，再联系氢和氧的相对原子质量，最后让学生画一画水分子的微观结构图。经常有意识进行这样的训练，让学生体会“宏微符数”之间的关系，形成化学学科的思维习惯。

教师教学生学习“身边的化学物质”时，应注意经常引导学生画出物质转化关系图，并教学生运用多种可行的方法将一种物质转化成另一种物质。比如，画一画碳三角、氧三角、含钙物质的转化关系图，也可以让学生试着写出生成盐的多种途径等。

在每单元的复习课中，应让学生画出整单元的关系图，把学过的相关知识通过思维导图建立概念间的联系。而在一、二轮复习阶段，可以培养学生形成发散性的思维模式，把不同单元间相关联的知识进行整合。比如水，我们可以从水的化学式、水的组成、生活中水的用途、节约用水的措施、实验操作中的水、溶液中的水、水作为反应物的化学反应、水作为生成物的化学反应等方面构建思维导图。

3. 改变教学方式——落实核心素养的途径

新课程强调学生的参与，强调学生的主体地位。自学阶段，教师要引导学生结合已学知识或生活经验进行思考，针对重点、难点、易错点，或联系旧知，或联系生活设置 2 ～ 4 个问题。合作学习阶段，教师要设计出一些有挑战性的合作学习问题，让学生在相互交流中由不会到困惑，由困惑到明白，让合作学习真正发生。

例如，在酸碱中和反应的教学中，不是按照课本上的呈现直接让学生观察，而是一步步地启发引导学生：没有现象怎么证明发生了反应？如何设计实验？分析比较实验方案的优劣，实验后所得溶液中成分的判断等。又如，在学习“生活中的盐”时，可以设计这样一个合作学习问题：小明发现厨房中有两个调料瓶的标签掉了，不知哪一个是食盐哪一个是纯碱，有哪些办法可以帮他鉴别出来？再如，测定空气中氧气含量的探究实验中，先让学生阅读有关拉瓦锡实验的资料，理解实验原理；接着，做演示实验，让学生观察并记录现象；最后，分小组讨论实验注意事项、实验原理、实验现象、剩余气体性质、实验误差等。类似这些合作学习问题，不一定适合考试，但是能激发学生思维，让学生在质疑中辨析，在辨析中进步。

4. 增强实验探究——落实核心素养的保障

化学是以实验为基础的学科。学生通过实验探究，可以亲身体验并证明自己的假设，培养自身的科学探究能力。初中化学学习中的实验一般分为感知性实验、探究性实验、验证性实验三种。

化学课本中有关物质化学性质的实验，如氧气的助燃性、二氧化碳与澄清的石灰水反应等都属于感知性实验。这类实验的教学目的是使学生通过对实验现象的观察增进感知，以便学习并牢固掌握元素及其化合物的基础知识。

探究水的组成、二氧化碳是否与水反应、燃烧的条件、铁生锈的条件等都属于探究性实验。这类实验的教学目的是运用实验探究化学原理并揭示其规律。教师在进行教学时，应力求做到操作简单，重点突出，同时要充分引导学生对实验进行分析、对比并得出结论。这样既可以激发学生的学习兴趣，训练学生的化学思维，又可以培养学生进行科学探究的能力。

初中化学实验中质量守恒定律的证明、空气中氧气含量的测定等都属于验证性实验。这类实验的实验目的是给理论提供事实依据。教师应引导学生积极思考，根据实验目标，设计出不同的实验方案完成这类实验，这样既可以激发学生的学习兴趣，提高教学效率，又可以培养学生的实验设计能力和发散思维。

5. 创设真实情境——落实核心素养的应用

把所学的知识情境化，即借助真实情境实现教学内容的应用。生活中处处涉及化学，教师应联系身边的化学及与化学相关的社会问题创设情境，让学生更加喜欢化学。例如：为什么把煤做成蜂窝煤？为什么面包疏松多孔？为什么被蚊虫叮咬了可以涂抹牙膏或肥皂止痒？为什么铝具有很好的抗腐蚀性？……

在引入实验室制取二氧化碳的探究时，教师先表演“茶壶灭火”这个魔术,利用学生对魔术的兴趣在课堂一开始就紧紧抓住学生。然后提问：“谁知道其中的奥妙呢？”学生经过交流总结出二氧化碳的灭火作用。教师继续提问：“大家想不想自己动手制取这种神秘的气体呢？”从而激发学生学习制取二氧化碳的动力。又如，在学习“碳酸盐的性质”时，可以从学生熟悉的鸡蛋引入：鸡蛋浸泡在食醋里为什么可以做成水晶蛋；在学习“铁生锈的条件”时，可以让学生探究炒菜后的铁锅如何防锈以及夏季为什么铁锅更易生锈；在学习“气体的溶解度”时，可以让学生思考：烧热水时，为什么刚开始加热，锅中的水还没有烧开而锅壁上就有气泡出现呢？这些真实情境的创设，能够使学生体会到化学来源于生活又服务于生活，也能够提高他们解决实际问题的能力。

6. 渗透人文素养——落实核心素养的结果

什么是教育？怀特海在《教育的目的》一书中说把学校学到的知识忘掉，剩下的那一部分才是教育。化学是一把双刃剑，可以制造新物质，极大地丰富人类的生活；也可以带来环境问题、健康问题、饮食安全问题。所以，在化学学科的教学中，一定要从知识本位转向育人为本，重视价值观念和责任意识的培养。

初中化学教材中有很多化学家的生平事迹，如拉瓦锡、波义耳、张青莲等，这些都能激发学生热爱科学、质疑创新、严谨求实的价值观念与责任意识。

另外，初中化学教材中也涉及不少绿色化学知识的内容。教师在教学中可以强调环境与人类生活的密切关系，使学生明白，为了不让环境污染威胁人类自身的生存就一定要保护环境。教师要把这些内容与环境保护教育有机地结合起来，如讲解氧气、二氧化碳、二氧化硫、水、金属的冶炼、煤、石油等内容时，就应结合一些实例及时对学生进行环保教育。

通过学习身边的物质，了解物质的性质和用途，了解化学与社会、化学与生活的关系，学生能够树立健康生活的理念，增强自身的安全意识，提高自我保护能力。

除教材可以对学生产生长远的影响外，化学教师的有效引导也可以对学生其他学科的学习产生深刻的影响。有的学生在七八年级时因为各种原因，学习成绩不理想，对学习丧失信心，失去兴趣，而到了九年级，因为升学的愿望，也想提升学习成绩。因为初中化学是起始学科，如果化学教师引导得当，初中化学就是一个很好的突破口。当学生采取了正确的学习方法与态度，在化学上取得了一定的成绩后，又可以提振信心，把化学上的学习方法迁移至其他学科，从而走上良性循环。

参与即态度，参与即兴趣，参与即能力。教学虽无定法，但我们应牢固树立以落实核心素养为目标的学科教学任务，采取学生自主合作探究的教学方式，努力培养学生的创新精神和实践能力。

参考文献

[1] 余文森 . 核心素养导向的课堂教学 [M] . 上海：上海教育出版社，2017.

[2]余文森，沙培宁：名师的教学主张及其研究[J]. 中小学管理，2014(1)：57.

[3] 毕华林，黄婕，亓英丽 . 化学学习中“宏观—微观—符号”三重表征

的研究［J］. 化学教育，2005（5）：51–54.

［4］卢臻. 教学设计与教师专业发展——一线教师的教案与崔允漷教授修改稿对比分析［J］. 现代中小学教育，2016（4）：87–90.

［5］邱芳婷. 崔允漷有效课堂教学思想述评［J］. 语文教学通讯，2015（4）：5–7.

［6］胡连杰. 让我们千万次追问：什么是好课？——华东师范大学崔允漷教授等与无锡旺庄中心小学教师对话录（摘要）［J］. 江苏教育，2003（14）：11–13.

［7］刘潇琳. 高中化学学习兴趣培养的重要性分析［J］. 传播力研究，2019（1）：157.

［8］卢孔宝. 基于创新能力培养为核心的实践教学改革探索与研究［J］. 浙江水利水电学院学报，2019（1）：87–90.

［9］申燕，杨显江，李迪. 在实验探究中发展化学核心素养和关键能力——以“金属的化学性质”为例［J］. 化学教学，2019（2）：46–50.

［10］李宝银. 初中物理核心素养与关键能力的研究——对“实验探究”教学的建议［J］. 湖南中学物理，2018（12）：47–49.

［11］周冬冬，王磊. 初中生化学学科核心素养和关键能力的追踪评价研究［J］. 中国考试，2018（12）：25–32.

［12］郭跃辉. 文本解读：核心素养与关键能力［J］. 学语文，2018（6）：8–10.

走向语文的原点与远方：生活、生长、生命

永城市第三初级中学　孟红梅

摘　要：语文教育就是要与生活建立链接，把生活需要具备的条件、能力渗透于教育教学中，使学生今后能够拥有一个更理想的生活。在这个过程中，语文教师唯有尊重学情、善于引导，才能让生长发生在学生身上。同时，语文教师还应把阅读引导作为重要使命，让学生的生命在书香的滋养中变得丰厚而绵长。

关键词：语文　生活　生长　生命

2016年9月13日发布的《中国学生发展核心素养》是我国新课程改革的育人新航标，是三维目标的整合和提升。接着，各学科在其统领下也确立起本学科的核心素养。语文学科的核心素养为“语言建构与运用”“思维发展与提升”“审美鉴赏与创造”“文化传承与理解”四个方面。

从“双基”到三维目标再到核心素养，不管目标如何定义，其实都是要解决“培养什么人，怎样培养人”的问题。在这一过程中，教师也常常在思考“怎么教，教什么”的问题，而且还出现了“怎么教”与“教什么”哪一个更重要的争议。争议的答案暂不去讨论，我们不妨继续思考一下：实现学生素养提升与知识汲取目标的关键是什么？我以为，从“语文学科素养的内涵是学生通过本学科学习之后而逐步形成的关键能力、必备品格与价值观念”这一定位来说，关键在于语文教师的人文素养和专业能力。因为它们影响着对“立德树人”这一根本任务的理解与引领，对“学习祖国语言文字运用”这一课程性质的解读与实践，对“以学生为中心”这一学习方式的认同与变革，所以，语文学科核心素养要落地于学生发展上，首先需要学校有发展教师和课程建设的意识，教师需要有自我成长和课堂

实践的行动，这样，师生才能在语文的晴空下共同感受语文之本色，走向语文之远方。

一、生活，教育教学的源头活水

1. 受教育，使自己成为更优秀的人

作为一名热爱、躬身语文教学一线的教师来说，我经历了从做个好教师的简单初心到思考什么是真正的教育的过程。每当读到陶行知所说的“先生不应该专教书，他的责任是教人做人”时，我就想：相对于人生来说，接受学校教育仅是一个发展阶段，每一个人最终都要回归到“生活”这个大环境中。生活是人的起点，又是人的“栖息之所”，教育就是要与生活建立链接，把生活需要具备的条件、能力渗透于教育教学中，使学生能够成为一个更优秀的人，并能够拥有更理想的生活。

所以，无论教学模式怎样变革，在我看来，语文课堂都应该与学生的生活紧密相连，因为生活是人产生各种行为、情绪的原点，唯有立足于为生活的语文教学，才能为学生的未来发展与幸福人生奠基。在这种体悟中，慢慢地，我借助担任班主任的优势，将“快乐生活、养成良习、发展能力”作为自己的育人目标植入班级管理和语文教学的点滴中，如：和学生一起阅读、共写随笔、策划活动；在日常学习中从积极感受出发调动快乐情绪，抓住时机体验成功；通过培养“21 天好习惯”、开设“晨问暮省”课程、开好主题月班会、社会实践等活动促进良好品德、习惯的养成；通过巧于询问、敢于放手、善于肯定的方法历练学生独立、自主、自治的管理能力和学习能力，努力让学生慢慢形成自信、专注、坚持等品格。这样不仅帮助学生进入到“愿意学，学会学，坚持学”的状态中，而且也让语文学习有了生活素材。

2. 会表达，使自己成为更受尊重的人

2015 年，浙江省教育厅教研室张丰主任表达了这样一个观点：语文要有“真阅读”和“真表达”。这与我的想法不谋而合，于是，我带领全体语文教师通过做课题来提升学生的语文素养。我们拟定的主课题为“在‘真阅读，真表达’活动中提升语文素养的实践探析”，并将主课题分解为以

下五个子课题：

（1）在大量课外阅读中提升语言表达能力的研究（夏天存）

（2）初中作文“提高感受力，写出真性情”的实践研究（张玉兰）

（3）在经典诗歌浸润中提升初中生文学素养的实践探析（夏振亮）

（4）在开展语文活动中提高口语表达能力的途径研究（王文静）

（5）用课前三分钟演讲有效提高口语表达的研究（王娟）

在课题研究中，我们力求通过一个“真”字，使学生在阅读与表达上达到这样一个理想境界：范围上有广度，内容上有精度，体悟上有深度。目前，这些课题都已经通过了永城教研室或商丘教研室的结题。

在多年的教学实践中，我归纳出提高学生口头表达与书面表达能力的方法：

（1）引导课堂交流，规范表达的习惯（文明地说）

（2）品味文本词句，欣赏表达的妙用（个性地说）

（3）提供活动平台，锻炼表达的勇气（勇敢地说）

（4）关注感受能力，寻找表达的触点（生动地写）

（5）瞄准训练目标，提升表达的效果（有效地写）

下面，我选择其中的（1）和（4）为例做简单说明：

“引导课堂交流，规范表达的习惯（文明地说）”这一方法是针对我校部分学生口语表达欠缺主动、规范、完整的情况总结的。对此，我拟定了“课堂学习行为规范”，其中对课堂表达从六个方面进行规范引领：

①质疑：“请问为什么……”“我有一个问题……”“请问 ×× 老师……”“请问 ×× 同学……”②回答：“我认为……”“我体会到……”“下面谈谈我的看法……”“之所以……是因为……”“因为……所以……”③补充：“我说完了，大家同意我的看法吗？有没有补充的？”“我觉得你刚才说得很有道理，但是我想补充一点……”“听了你的发言，我深受启发，但我有不同意见……”④评价：“请大家评一评我读得怎么样。”“我觉得你声音响亮，但……”“你读得绘声绘色，特别是……”“谢谢你的鼓励（或意见），我会继续努力（或改进）。”⑤汇报：“大家好！我们是 ×× 小组，我们来汇报一下……”“我们小组汇报完毕，掌声有请下一组。”⑥讲解：讲解时声音洪亮，叙述有条理；到讲台讲解时，侧身站立，

面向同学们，要落落大方。“同学们，请坐好，下面由我给大家讲一讲……”

把文明的用语、规范的交流、完整的回答作为课堂习惯来抓，学生的表达慢慢养之有素。

“关注感受能力，寻找表达的触点（生动地写）”这一方法是我根据个别学生对生活的感受能力较弱总结的。生活中，我们常常听到人们对现在孩子身在福中不知福的感叹，这其中反映的一个语文问题就是部分孩子关注生活少，感受能力弱。席勒曾经说过，感受力的培养是时代最迫切的需要，这不仅因为它是一种改善对人生洞察力的手段，而且因为它本身就会唤起洞察力的改善。如何引导学生关注生活，提高感受能力？一是利用日常与学生的交流提醒学生留心身边的变化；二是引导学生调用多种感官去观察人、事、物的小细节并及时写下自己的感受；三是教给学生“意”写的方法，突出“我”在文中的效果。现分别摘录一节文字来说明。

其一：

“今天早上在上学路上有什么新的感觉？”

“我感觉风比昨天刮得大了一些，吹在脸上凉凉的，但是很舒服。”

“我看到一棵梧桐树上还开着一些花，显得有些孤零零的，但一样很鲜艳，很吸引人。”

“我发现刚刚立夏的阳光在早晨很明亮，感觉周围都好像是橘黄色的，很柔美。”

…… ……

我微笑着听着，最后，也说出自己的发现：“我今天路过那片竹林时，突然感觉竹身都泛出青绿色，好像一夜之间变成这样的，那新鲜的颜色令我不由得停下了脚步，好好端详了一番呢！”

一天的新生活就在这样的分享中开始了。

——孟红梅《走向教育的原点》

其二：

植物园里，一些树木还没有落叶。我来到一棵小桃树下，树叶的绿意还在，只是风在刻意地吹打它们，我不禁想用手留住这些绿色，却发现在桃树的枝干上鼓起了一个个“包”，这是明年的嫩芽吗？小桃树呀，你竟有这种准备？你还没有落叶，就开始努力孕育新的生命了？植物都能在熬冬天时抱着结“果”的念头努力生长，我们人类又怎能不去珍惜生命，熬过挫折，让生命展现到极致呢？

——学生张芮语《寻找生命的印记》

其三：

（原文）我不安地坐在椅子上，看见又有两位同学上去改答案了，可是我还是不敢。最后，我终于鼓起勇气，离开了座位……

（修改后的短文）这次上去写会是什么结果呢？（意）我坐在椅子上，双脚发抖，手也冰凉冰凉的，这使我感到很不舒服，我不停地在椅子上挪动……又有两位同学上去改答案了，教室里出奇地安静。到底上不上去呢？我心里像揣了只小兔，（意）怦怦地跳着。我又把脚伸直了压了压，几次想冲上去，可我能对班里权威人物的答案提出异议吗？（意）我再一次在草稿纸上认真地计算了一遍，似乎真的找不出什么错误了。（意）于是，我心一横，“呼”地站起来，跺跺脚，对着手哈了几口气，迈离了座位……

——学生高家硕片段练习

从这几段文字来看，养成关注身边自然、生活的习惯，就会留心观察事物。观察是培养学生感受力的起点，观察的过程就是积累感受的过程，观察越细致、全面，感受越丰富、深刻，写出的文字就越动人，越有真性情。

二、生长，是生本课堂的抽穗拔节

我们知道，新课程的核心理念是“以人为本”“以学生的发展为本”，要求教师在教育教学中能够面向每一位学生的发展，能够关注学生全面、和谐的发展，那么，以人为本的课堂应该是怎样的呢？从理论上来说，是把学生当作学习的主体，把学习的主动权交还给学生，让学生以自主探究、合作交流的方式进行学习。2013 年，我从华东师范大学郑桂华老师的作文课“叙述一个曲折的故事”上领略了生本课堂的风采，有了对生本课堂的新的理解，那就是尊重学情，让生长看得见。

在这节课中，郑老师的两个表现给人留下了深刻的印象：一是关注、欣赏每一个学生的表现；二是基于学情，灵活变通教学内容——随机调整内容，叫停了较难的教学环节。这样做的结果是学生在下课离开时，表现出对郑老师的留恋。

怎样在课堂上以生为本，怎样面对全体学生？我主要做了两点尝试：

一是借助我市“四环节循环教学”模式结合小组学习的优势，制定出小组自治管理办法，去改变“学困生没有地位”的情况。事实证明，在小组中给学困生一个适当的地位，他们就会享受到进步的快乐，这就是新课改最大的目标所在——让进步、成长发生在每一个学生身上。

二是带领教师进行了听、评课形式的改变，其中的改变之一就是把原来的听课记录本改为观议课记录本。观议课记录本最大的特点是以表格的形式列出“教师活动”“学生活动”“我的问题与思考”。记录本的改变促使教师通过看学生学的方式、参与度、情绪和效果衡量一节课的教学价值，将观议教师的设计和活动也转变为观议学生的行为。例如，齐德建老师对《皇帝的新装》一课的观课分析：“在这节课中，学生活动时间充分，学生的独立思考、小组合作及课堂展示大致在 25 分钟。学生参与积极性较高，在课堂上回答问题的人数多，答案也精彩，学生的思考能力、感悟能力及语言表达能力都得到提高。”这段分析就完全立足在学生活动与效果上。在这样的引领之下，教师慢慢接受了观议课“以学定教”的特点，在备课与上课时开始有意识地考虑学情、关注全体、激发潜能。后来，我把这个全过程的资料收集起来出版了校本图书，永城市教体局专门召开会议推广这一举措，现在我市很多学校都在使用这样的观议课记录本。

语文教学一个很重要的任务是启迪灵性。好的老师总是善于引导、启发，能够把问题设置化难为易、化枯燥为有趣，把学生于不觉中引向高处。“教师要善于引领学生自己去寻找、发现方法”是郑桂华老师那节课给我的第三个启发。这让我每次备课时便不由去想这个问题怎样设置学生会更喜欢探讨，更能表达出自己的见解，更能发现其中的妙用。但有一点是我也是我们语文教师应该留意的，那就是：“语文教师不只是要告诉学生字面上写了什么，更要引导学生看到字里行间的空白处流淌着什么。”

三、生命，是书香滋养的桃源洞天

生命有了滋养，就会增加厚度和深度。生命的滋养，我认为来自两条途径：行万里路，读万卷书，即阅历和积淀。老师虽给不了“行万里路”的阅历，却可以引领学生进入“读万卷书”的美好境界。在这一方面，我主要从以下四个方面尝试。在学校生活中，我们能做到的对学生有长远意义的一件事就是培养学生的阅读兴趣和习惯。单就课外阅读的推动情况做简单陈述。

1. 躬身示范，激发阅读欲望

一次次的经历、收获让我每次都想重复这句话：你想要别人是什么模样，你先要是什么模样。在成长的路上，书一直在“拯救”着我，源源不断地给我输送营养。读书、写作是我生命存在的一种形式。从发表文章到出版图书，我一直在做一个引领学生爱上阅读的语文教师。不仅去引领学生，我还借助自己外出讲座、博客发文来影响身边的教师、家长。这些年，单是围绕阅读话题的文章我已写出 27 篇 75000 多字，举办了涉及倡导阅读的讲座 4 个。

2. 名著阅读，扎深语文根基

很早之前，我就开始开展推进名著阅读的活动了，如“话说三国”“走进红楼”“趣品西游”等。活动形式有知识竞赛、阅读笔记展评、阅读之星评比、故事接力等，有时活动持续两三周，连教室外面的走廊柱子上也被贴上了“知识卡片”。为引领学生广泛而深入地进入名著阅读，我还会设置一些答辩题供学生探讨，有的还写成专门的评论文章，如《水浒》的答辩题为：（1）众英雄齐聚梁山后，宋江一门心思想被朝廷“招安”，你对此有什么看法？（2）“人无完人”，“打虎英雄”武松也不例外，结合你了解的故事情节谈谈武松有哪些性格缺陷。（3）“义”是众多水浒英雄共有的特点，你赞同他们的“义”吗？结合其中一个英雄形象谈谈你的认识。（4）民间有这种说法：“少不看水浒，老不看三国。”为什么会有这种说法呢？请你结合故事或人物谈谈对“少不看水浒”的理解。

3. 推荐阅读，引领学生迈进文学殿堂

推荐阅读是我每年都会做的事，根据不同学段推荐不同作家、不同类别的书；根据性别推荐适合女孩读和适合男孩读的书；我还会把教育名家推荐的书目转给学生留存。带寄宿班时，我把家里的杂志、图书分发给这些留守孩子，也把自己读到的好文章分享给他们。推荐阅读对教师来说是轻而易举的小事，却能够引领学生迈进文学殿堂。

4. 校本诵读，丰厚文化底蕴

我曾带领语文教师为学生编写了三本“润心润德”校本图书：七年级《古代诗歌选粹》、八年级《现代诗歌选粹》、九年级《100个名人小故事》。为检验校本图书的阅读效果，我组织七年级举行了古诗词背诵或默写比赛，组织八年级举行了新诗朗诵会，组织九年级举行了主题征文或演讲比赛。学生们经过校本诵读的一系列活动，丰厚了自身的文化底蕴。

将语文学习的原点定位为生活，将语文学习的姿态定为生长，将语文学习的远方指向生命，就是尊重了学生的学习从生活出发，并回归生活的教育理念。就学习内容而言既有横向丰富也有纵向关联，目的就是让学生在生活中、在课堂上实现自由、个性生长，使个体生命变得丰盈而多彩。

文言文教学中指向语文核心素养的活动设计

商丘市第五中学 聂 智

摘 要：本文从文言文学习的基础——字词入手，结合课堂教学实例，探讨了一些在文言文教学中落实语文核心素养的活动设计，如常用词综合归纳、成语联想、化用句式、设置语用情境、趣味回译、“文”“言”相融、巧妙作文等。这些活动的实施能够让学生充分感受到学习古代汉语的乐趣，提高他们学习古代汉语的积极性，同时起到传承文化，提升审美，深化知识、经验的作用。

关键词：文言文教学 活动 策略

《中国学生发展核心素养》是中国教育的纲领性文件，它明确指出教育的终极目标是“培养全面发展的人”。要想真正将核心素养落实在人上，学科教学是一个关键环节。

目前，《普通高中语文课程标准（2017 年版）》明确提出语文学科核心素养即“语言建构与运用”“思维发展与提升”“审美鉴赏与创造”“文化传承与理解”。究其实质，还是侧重培养学生的阅读、思考和表达能力。而这些能力是学生未来发展和生存的基础，所以说，语文学科的核心素养具有基础性与发展性的特点。

初中语文统编教材加强了优秀传统文化教育，古诗文篇目占了教材的半壁江山，选文体裁多样、内容丰富、时间跨度大，涵盖诸子散文到明清小品。朱自清先生在其代表作《经典常谈》中说：“在中等以上的教育里，经典训练应该是一个必要的项目。经典训练的价值不在实用，而在文化。”他主张中学生应该诵读有相当分量的文言文，特别是所谓的古文，乃至古书。他认为这是经典的训练、文化的教育，甚至认为一个受教育的中国人，至少必得经过真正经典的训练，才能称为一个受过教育的中国人。中学语文教材中的文言文都是中国古代文学的精华，学生通过对这些文言文的学习，既可以获得一定的文言、文化和文学知识，还可以提升语言运用能力，积淀一定的文学、文化素养。从这个角度看，文言文教学是培养学生核心素养的重要途径。

如何在初中文言文教学中落实语文核心素养呢？开展活动是必需的。开展活动的前提是激发学生的学习兴趣，开展活动的核心是立足于语言，着眼于运用，最终达成的目标是提升学生的语文核心素养。

下面以文言文教学中“言”的教学为例，谈谈一些实施策略。具体来说，就是在语文课堂上围绕着“言”设计一些质量高、趣味性强的教学活动，并将语文核心素养融入其中，最终达到“疏通文意，理解文本”的目的。在这一学习过程中，力求最大限度地激活学生的思维，让学生主动思考、积极动手、乐于动口，全身心地投入，加深知识的体验。这样，就达到了我们所追求的文言文教学“实”与“活”的水乳交融、和谐统一，也就是著名特级教师李卫东老师所说的文言文教学要既有“山的沉稳”又有“水的灵动”。“山的沉稳”是指文言文教学的内容必须厚实，教学过程必须扎实，通过理解文本、鉴赏文本，真正落实“注重积累、感悟和运用，提高学生的欣赏品位”这一课程目标。“水的灵动”是指依据文本特点，从学情出发，采取灵活多变、丰富多彩的适宜的文言文教学策略和方法，培养学生思维，挖掘学生潜能，让学习的过程变成一项愉快的创造性劳动。

一、设计文言文教学活动的总原则

基于“培养学生自主阅读浅易文言文”这一教学目标，学习文言文必须首先越过“言”的障碍。这个“越过”绝不是“跨过”，而是“穿行”“沉潜”，让学生深入到文本中，真正感受汉语言的无穷魅力，心中油然生发热爱之情。教师绝不应越俎代庖，把字词的意思、自己的阅读感受强行塞给学生，用背翻译、记答案替代学生的阅读，只把学生当成知识的容器。

1. 把疏通文意的权利还给学生——让学生主动学习

让学生熟读课文后，告诉学生语言有稳定性和传承性，鼓励学生克服对文言文的畏惧情绪，根据积累自己大胆尝试翻译。通过提问及师生、生生之间的对话交流，教师可以快速准确地进行学情判断，然后选择教学内容。学生已经解决的内容，教师不需要重复。如果学生有困难但他们自己借助工具书能理解的内容，教师就着重对他们进行指导。如果他们借助工具书仍不能解决的内容，教师就需要花费心思，设计一些活动作为学习的支架，帮助学生学习。此时，学生遇到学习障碍，有了内驱力，学习的积极性和主动性自然上升。特别是学生之间互相解答，是一种真实有效的问答方式，有助于学生养成独立思考、质疑探究的习惯。事实上，这是提问者与回答者在教师指导下的双赢局面。

2. 把学习的方法教给学生——让学生学会学习

当学生互相讨论质疑时，我们应问一句：你是怎么推测的？把学生的思路理一理。当学生有意识地运用迁移能力来理解词义、句意时，应表扬一句，把学习方法点一点。课堂上不经意的引导和点拨，正是让学生自觉养成良好学习习惯和习得优秀学习方法的途径。课堂上一定要让学习真正发生，教师的职责在于“教会学生学习”。“授之以渔”才是教学的最高境界，而那种“嚼烂了喂”的“串讲法”，是无法培养学生的自主意识和自学能力的。

二、文言文教学活动的具体实施策略

教学策略的选择取决于教学内容和实际学情，适宜的就是最好的。通过研究，我们发现以下策略在实施“言”的教学中有很好的效果。

1. 常用词综合归纳

教学《桃花源记》一文时，我们要求学生动手做如下归纳：

（1）一词多义

舍：便舍船，从口入

土地平旷，屋舍俨然

寻：寻向所志，遂迷

未果，寻病终

为：武陵人捕鱼为业

此人一一为具言所闻

不足为外人道也

乃：见渔人，乃大惊

乃不知有汉，无论魏晋

(2) 一词多句一义

闻：阡陌交通，鸡犬相闻

村中闻有此人

此人一一为具言所闻

高尚士也，闻之

复：复前行，欲穷其林

复行数十步，豁然开朗

率妻子邑人来此绝境，不复出焉

余人各复延至其家

遂迷，不复得路

(3) 多词一义

说出：自云先世避秦时乱（云）

此人一一为具言所闻（言）

此中人语云（语）

诣太守，说如此（说）

全、都：男女衣着，悉如外人（悉）

黄发垂髫，并怡然自乐（并）

村中闻有此人，咸来问讯（咸）

此人一一为具言所闻，皆叹惋（皆）

余人各复延至其家，皆出酒食（皆）

常用词综合归纳的目的是通过比较辨析加深理解。当学生接触了一定数量的文言文时，自然也会积累一定数量的文言现象。在实施文言文的教学时，及时归纳整理常用词，将会使学生在获得文言积累的同时，真切地感受到进行归纳整理的必要性，从而有可能将教师在课堂上所采用的这种综合归纳自觉推广到平常的阅读与学习过程中，真正形成能力迁移。

学生自己动手归纳整理的词语，印象自会深刻，同时有助于引导学生养成新旧整合的习惯，形成语言的“立体”“网络”意识，增强文言语感。

2. 成语联想

我们还可以由课文中的词语出发，去寻找含有相同字词的成语。如学习蒲松龄的《狼》，我们就可以设计这样的活动：

恐前后受其敌（敌）——腹背受敌

顾野有麦场（顾）——左顾右盼、顾盼生辉

场主积薪其中（薪）——抱薪救火、卧薪尝胆

狼不敢前，眈眈相向（眈眈）——虎视眈眈

我们还可以走个返程，由学生熟悉的某些成语中的字词出发，去寻找课文中含有相同字词、相同意思的句子。如讲授宋濂的《送东阳马生序》一课时，我设计出让学生为下列成语从课文中找朋友的活动。

走马观花（走）——走送之

精益求精（益）——益慕圣贤之道

患得患失（患）——又患无硕师名人与游

赴汤蹈火（汤）——媵人持汤沃灌

敝帚自珍（敝）——余则缊袍敝衣处其间

古文中蕴含了许多的成语、典故，让学生寻找其中蕴藏的成语，既可以考查学生对成语掌握的情况，又增进了学生对成语及文本的理解。

这样的活动让学生感受到文言文在今天依然具有生命活力，不能放弃文言文的学习。认识到这一点，学生自会充满兴趣而又实实在在地去积累文言文常用词。

3. 化用句式

在学习文言文中，还可以引导学生化用一些简单的文言句式。

比如，学习刘禹锡的《陋室铭》，就可以让学生来仿写课文的最后一句：“何陋之有？”这是一个倒装句，宾语前置，有突出强调的作用。正常的顺序为：“有何陋？”学生兴趣盎然地参与活动，“何难之有？”“何苦之有？”“何乐之有？”等句子纷至沓来。

这样的活动着眼于学生的语言建构，长期坚持，学生的语言表达能力便会得到提高，自身的语言就会变得凝练、幽默、有文采。

4. 设置语用情境

这是钱梦龙老师教学《核舟记》的一个片段，课堂上，钱老师与学生这样问答——

问：奇巧人王叔远之核舟以何物为之？

答：简桃核之修狭者为之。

问：舟长几许？高几许？

答：长约八分有奇，高可二黍许。

问：舟有窗左右各四，启窗而观，则何所见？

答：雕栏相望焉。

问：闭之，则何所见？

答：右刻“山高月小，水落石出”；左刻“清风徐来，水波不兴”。

这个活动旨在为学生学习古代汉语创造一个特定的语言交流环境。语言运用的背后是对文言词汇意义的理解。参与此项活动要求高质量的思维活动，学生既要理解教师所说话语的意思，又要组织课文中的文言词语来表达自己的意思，当学生能够和老师运用文言文对话时，其内心的成就感便不言而喻，学习文言文的兴趣自然就会浓厚。

教师在课堂上举行文言问答情境这一活动时，要注意两点：一是问题要相互衔接，能够较完整地概括课文某部分或者全文的主要内容。二是教师设问的语句要尽可能借用或化用文中原句，学生最好能用文中原句或组合文中词句回答。

5. 趣味回译

趣味回译也就是我们通常采用的翻译形式的一种逆向思维，即从白话回到文言。在这个活动中，教师要有意识地用现代汉语提出问题，学生必须准确而巧妙地运用课文中的词句来回答。此项活动可以说是“设置语用情境”的逆向升级版。

下面是一位教师在疏通《桃花源记》的文意后所设计的一个“回译”活动。

师：渔人为什么会感到特别惊奇呢？

生：（回译）渔人何以甚异之？

师：因为那片桃林又大又美，世人很难见到这种奇特的景象。

生：（回译）以其林大而美，乃奇观也。

师：桃花源中的居民为什么全都那么快乐呢？

生：（回译）此中人何以皆怡然自乐也？

这个活动，既可以促使学生对文本进行深入细致的阅读，又可以培养学生的创新精神，让学生享受到创造的乐趣，增强他们的学习兴趣。

此项活动也可以为学生将来在写作中巧妙使用文言词句，甚至使用文言写作打下坚实的基础。

6.“文”“言”相融

开展这一活动的典范当推钱梦龙老师讲授的《愚公移山》。其中的几个经典问题，如“愚公有多大年纪？”“智叟是年轻人吗？”“邻人京城氏那个七八岁的孩子也去移山，他爸爸肯让他去吗？”等，不仅检测了学生对课文中关键词的理解，而且巧妙地引导学生思考课文的关键内容。此外，“曲问”更能点燃学生思维的火花。在这堂课中，师生的质疑辩驳使教学内容得到了自然落实，疏通文意和人物形象把握做到了水乳交融，真正实现了“文”“言”的统一，以“言”悟“文”，以“文”会“言”。

钱梦龙在《文言文教学改革刍议》中说：“文言文，首先是‘文’，而不是文言词语的任意堆砌。教文言文，当然要指导学生理解词句，但理解词句的着眼点在于更准确、深入地把握文意；反过来说，把握了文意也可以更好地理解词句。”

当学生带着这些暗含着“疏通文意”机关的有趣问题去阅读、思考文本时，破译“机关”，解除“言”碍的过程，就是融“言”于“文”、“文”“言”相生相融的过程，也是学生汲取作品文化内涵，使之内化为自己积淀的过程。

7. 巧妙作文

我们还可以让翻译成为一种作文练习的形式，全面考查学生对一篇文言文字、词、句的理解情况。这种作文可以采取三种形式：一是直译，即逐字逐句对译，虽然有时可能词序有变化，语词有添加，但基本上比照着原文字句，把解释语连缀成文。二是意译，即翻译的时候，将原文中缺失的词语补充出来，将句意补说得明明白白。三是活译，即取原文的大意，照自己的意见，把它重新创作出来。活译绝不等同于“大话”“戏说”，必须忠实于原文的主旨精神。这方面的例子，可以让学生借鉴韩永久作词、江涛演唱的《愚公移山》。这首歌的歌词作者忠实于原文主旨，巧妙选取原文中的核心要素加以组合渲染，却又不拘泥于原文的词句和结构，是一篇既有原文烙印又有自己特色的佳作。

学生译文的质量高低取决于教师布置任务时的具体要求。为什么设计此项活动，教师必须先做到心中有数，然后提出明确、具体的任务要求。任务要求的提出，应根据文章的特点具有针对性，围绕一两点让学生进行练习，进行评判，切忌多而泛。这三种译文，最有趣最具有思维含量的当属第三种——活译。无论哪种译文，前提都必须是理解文意，而这就达到了文言文“言”的教学目的，同时还训练了学生的写作能力，一举两得。

三、文言文教学活动的注意事项

文言文的一体四面——文化、文章、文学、文言，其实和语文核心素养的四个方面——文化、思维、审美、语言，是分别照应的，且又是不可分割地交织在一起的。课文是一个整体，语文核心素养是一个整体，所以我们在设计活动时，要有整体意识，可以侧重某一方面，但是不要人为地割裂开来。

设计“言”的教学活动时，要避免重“言”轻“文”。文言文教学如果只是一味肢解语言，沉湎于文本考据，把语文课上成语法课或语文知识传授课，就很难让学生与文章所描述的生活和作者的心灵发生联系，更谈不上促成其思想的传递与精神的成长。如果过分重视“言”，那么势必会轻视“文”，乃至忽视阅读中最重要的东西——思维活动，所以，我们要“言”“文”并重。

“言”的活动要想达到有效，就必须做到：活动是必要的、有意义的，能够对具体的阅读或写作有实际的价值；活动方式与教学内容协调一致；活动的焦点是语文，不是人文主题，更不是活动本身；活动是为具体教学内容服务的，而不是本末倒置，更不是取而代之。

打铁还需自身硬。从语文核心素养的角度来看，教师要想艺术而实用地开展文言文教学，就需要不断地努力为自己充电，在大量搜集课文、研读文章、钻研教材、学习名家课例提升教学设计能力的同时，要站位更高远一些，多读一些有关古典汉语的理论书籍。

参考文献

[1] 王力. 王力论语文教育[M]. 郑州：河南教育出版社，1996.

[2] 钱梦龙. 文言文教学改革刍议[J]. 中学语文教学，1997(4)：25-27.

[3] 钟启泉，崔允漷. 核心素养研究[M]. 上海：华东师范大学出版社，2018.

基于数学文化视野下发展学生数学核心素养的实践研究

商丘市第一中学　宋　歆

摘　要：本文从数学学科的特点出发，探讨了核心素养与数学核心素养的内在联系。同时具体指出基于数学文化视野下发展学生数学核心素养的三种策略，即生命数学入课堂、数学文化入课堂、数学建模入课堂。最后又详细论述了对数学核心素养发展的评价思考。

关键词：数学文化　核心素养　文化再造　教学评价

一、核心素养与数学核心素养的内在联系

2014 年 4 月，教育部印发《教育部关于全面深化课程改革　落实立德树人根本任务的意见》，正式在官方文件中提出“教育部将组织研究提出各学段学生发展核心素养体系”。

2016 年 9 月 13 日上午，中国学生发展核心素养研究成果发布会在北京师范大学举行，核心素养课题组专家团正式提炼出六大核心素养。

数学学科的特点决定了它与核心素养之间具有紧密的关系。首先，数学本身就蕴含了关于人类文明发展的丰富的文化底蕴。正是这些文化底蕴的积淀，才形成了真正意义上的科学精神。无论是在群星璀璨的古希腊文明时期，还是在大师辈出的文艺复兴时期，科学的每一次进步，多数情况下都要向数学方面来寻找最终的简洁表达。数学以其逻辑的严谨和论证的充分，为人们提供了可靠的思考方式，而这种对于至真至善的追求本身，才是科学精神的本质所在。在对于数学原理和应用的考据中，人们自然而

然地掌握了学习和研究的方法，也学会了怎样学习。而学习对于人们健康的生活方式来说，是不可或缺的环节。人们只有了解或掌握了自然科学和社会科学，才能用科学的方法来指导生活，才能最大化地谋取身与心的协同健康发展。在科学精神的指引和身心健康的保障下，人们自然会主动地承担起社会所赋予的责任，成为一个有担当的人。最终，为了获取自身的发展，同时为了推动文明的进步，人们不断地进行实践创新。此时，通过数学学科获得各种能力和素养综合起来，不但可以间接地为创新提供思考方式，而且可以直接地为创新提供知识支持。总之，数学学科核心素养的发展，是整个核心素养发展的一部分，也是足以影响全局的部分之一。

二、数学课堂发展学生数学核心素养的策略

核心素养下的教育教学要求必须遵循以培养“全面发展的人”为核心的理念。我认为，21 世纪的教育，就要由标准化回归到个性化，就应该处处尊重学生自己的想法。比如：我在课堂上充分营造民主的氛围，最大限度地从学生的需要出发来组织课堂。对此，我采取了以下做法：（1）让学生提供上课的问题素材。每堂课我都要求学生用便利贴在讲桌上贴出需要解决的问题。这样会使课堂更有针对性。（2）让学生来做小老师。给他们布置讲解任务，或让他们主动讲解自己独到的解题方法，或分享在解决问题中获得的感悟。我在教育教学中不仅仅关注的是孩子在校期间的成长，更关注的是孩子一生的发展。我倡导的教育理念是三年影响学生一生（教学生三年，影响学生一辈子）。那么，在数学课堂教学中如何发展学生的数学核心素养呢？我主要从以下方面入手：

1. 生命数学入课堂

在很多人眼里，数学是一门相对抽象、枯燥的学科，但我认为数学是有生命的，数学本身是很美的。作为数学教师，如何把课讲得生动，如何把数学讲出生命，如何让学生更容易走进数学是我们数学教师必须要思考明白的。在教学中，我不断践行“以生为本”的教学理念，追求“生命数学，知行合一”的教育境界，逐渐形成了“潇洒不失严谨，灵活而又扎实”的教学风格，坚守着“厚积淀循循善诱，广开源孜孜以求”的教学信条。为

了让学生在掌握数学知识的同时发展数学核心素养，感悟数学教材也是有生命的，我努力创设每一节课的问题情境，把数学上的一些公式、定理通过创设的情境让学生自己探索推导，明白其来龙去脉。如：在《投影》一课的探究过程中，遇到一个平行投影的作图问题，我引导学生思考“怎样过直线外一点作已知直线的平行线”。我和学生们在连续的问答互动中形成了一个严密的逻辑思路，从“平行线的判定方法”到“三线八角问题”，到“同位角相等，两直线平行”，到“构建添加一条截线”，到“作一个角等于已知角”，再到“做一个三角形等于已知三角形”，最后到“三角形全等的判定方法之一 SSS”，最终，我们作出了需要的平行线。而这一整个思路的探索过程，正是源于我对《几何原本》的公理化思想的学习和研究。当我们的推理和作图全面完成之后，学生们意犹未尽，非要和我一起再来一遍，我当然是欣欣然再次拿起了粉笔。当第二次推理在学生们的指挥下行云流水般地完成之后，很多孩子为数学鼓起了掌，他们惊叹于数学的严谨和完美。

2. 数学文化入课堂

多年的教学生涯使我悟出了借助数学方式的理性思维来提高学生数学核心素养的方法。实践中，我不断尝试“数学文化融入课堂，注重学法指导，培养学生能力”的教改实验。我认为，认识和把握数学核心素养的关键就是要充分理解数学，但这绝不等同于做题，而是要把数学与数学文化和我们的学习、生活、工作密切联系起来。如：我在讲授无理数时，先从毕达哥拉斯的“世界上所有的数都可以表示成两个数字之比”引入新课，然后讲解其弟子希帕索斯发现无理数最后却被毕氏门徒残忍杀害的故事。不仅让学生了解了有理数的缺陷和无理数的由来，而且让学生了解了“人类文明的每一次进步和发展都是来之不易的”。再通过课内寻踪和课外衔接，让学生进一步理解无理数、实数和黄金分割，并详细了解毕达哥拉斯及其学派的故事。数学故事不但可以帮助学生形成更加长效的知识记忆，而且有助于在新旧突破的那一瞬间，帮助学生充分理解知识的定义与内涵。为了更好地促进数学文化融入课堂，我参与编写了《初中数学文化汇编》一书，该书已经出版发行。

3. 数学建模入课堂

无论是数学自身问题的解决，还是把数学应用于生活，成功创建出数学模型都是最终解决问题的关键，更是把数学推而广之的必要条件。为了更好地提升学生分析问题、解决问题的能力，在平时的课堂教学中渗透模型思想也就显得尤为重要。这也是学生们能以数学的眼光观察世界，能以数学的思维分析世界，能以数学的语言描述世界的关键。这里要说的建模指的是广义上的模型，教学中的定义、性质、法则、公式、定理等都可以模型化。数学建模入课堂使数学课不再是单纯的解题课，而是数学模型创建课。教师引领学生完成模型创建后，就可以放手让学生开始模型的推广应用，把课堂还给学生了，也可以发挥学生的主体地位了。

当然，生成模型的过程也是很关键的一个环节，这就需要经历充分猜想和推理的过程。譬如在学习全等三角形判定时，我们首先从“SSS”判定研究着手，先让学生通过画出一个与已知三角形三边相等的三角形，发现二者可以完全重合，再让学生尝试用同样的方法画出不同形状的三角形，发现也可以得出相同的结果，从而大胆猜想出“SSS”判定方法的可行性，最后再告诉学生实验的结果需要推理来证明，进而开启证明。这里我适时地提供《几何原本》的反证法，证明这个猜想的方案，从而使学生确信这个判定方法的正确性。在成功创建了“SSS”的数学模型之后，学生们便开始大胆使用“SSS”模型解题了。

接下来，在利用全等三角形求河宽时，我带领学生在河岸的同侧创建8字形全等三角形，进而达成在河岸的同侧用全等三角形求河宽的目的。在课程进行到这里时，我又适时把古希腊人用赤道附近的两口水井测算地球到太阳之间的距离的方法介绍给学生，使学生初步掌握了相似三角形对应边成比例的数学模型，而且还学会了用它来计算旗杆和楼房的高度。建模的步伐到此并没有结束，我趁机又给学生介绍了勾股定理的模型和锐角三角函数模型，让学生了解更多依托数学模型解决问题的方法。

三、数学核心素养发展的评价思考

核心素养及其理论建构下的课程改革，本质上是“培养什么人”和“怎样培养人”。每一次课程改革都想从分数至上的应试教育中跳出来，促进育人模式的转型，此次提出核心素养也不例外。新课标实施以来，由于理论和现实中的种种原因，三维目标在实际教学实践中演变成突出“知识与技能”，“过程与方法”未能充分落实，“情感态度与价值观”在一定程度上被形式化和虚化。核心素养则是对三维目标的重新整合，这种整合发生在具体的、特定的任务情境中，是个体与情境的持续互动，教育或教学的功能就在于让学生通过基于问题或创设活动开展体验式、合作性、探究性或建构式的学习。由此带来的评价机制也需要我们重新思考。

怎样算是好学生？能充分表达自己的见解和想法的是好学生吗？如何使学生实现真进步？如何实现学生综合素质的发展和核心素养的提升？需要一套怎样的评价标准？这些都是核心素养下我们每一位教师需要思考的问题。我认为，基于核心素养的评价旨在改变当前考试和评价的不足，应该采用课堂评价、考试评价、多元评价、素养评价等多种方式。如，我们在课堂评价中要关注真实的课堂，要在评价中发现问题，因问题而教。这种课堂评价，不仅要评价学生到底会做什么、会解决什么问题，而且要“知其所以然”，了解学生怎么想，为什么会这么想及为什么会这样做，从而把握学生认知过程的真实面貌。

再比如：传统的考试测验方法在内容和表现上都略显单一，不能仅凭传统的考试考查学生问题解决、科学探究等综合素质和能力。所以，我在纸笔测试评价的同时开展有关学习兴趣、身心状态、情感价值观等方面的测查，在日常学习中利用成长记录袋对学生的创新意识、审美情趣、社会责任感等进行评价。当然，评价也不能仅限于教师对学生的单方面评价，因为这样的评价融入了太多的主观性。为了更加客观地评价教学效果，我还和学生之间进行了双向评价，让学生以“数学日记”的形式对我的课堂进行评价。另外，我还让学生和学生之间互相评价。这就让我更加充分地了解了学情动态，最大限度地激发了自己和学生双向教与学的主动性。而更多的多元评价、素养评价等科学的、行之有效的评价方法及如何有效地利用评价结果，还需要我们教育人的深入研究。

总之，品格只能由品格来塑造，人格只能由人格来培养，要求学生做到的，教师必须先做到。朱熹曾言：“为学之实，固在践履，苟徒知而不行，诚与不学无异。”作为有教育情怀，有教育理想，有教育梦想的教育工作者，自当敢于实践，敢于承担责任，敢于创新，以人为本，发现人，教育人，影响人，成就人。

参考文献

[1] 蔡清田. 核心素养与课程设计 [M]. 北京：北京师范大学出版社，2018.

[2] [英] 阿尔弗雷德·怀特海. 教育的目的 [M]. 徐汝舟，译. 北京：北京师范大学出版社，2018.

例谈育人价值与核心素养理念的落实

新乡市基础教育教学研究室　王红奎

摘　要： 课堂教学当中，亟待解决的问题就是如何把立德树人的根本任务与学科核心素养结合起来。本文从小学三年级数学课、小学三年级英语课、初高中物理知识衔接课落实育人价值与核心素养理念的三个案例入手，说明学科教师可以在实现本节课教学内容目标的同时，深入理解、把握该学科的核心素养，结合生活实际，创设合适的教学情境，引导学生、认识生活、关心国家、关注社会。

关键词： 核心素养　育人价值　落实

党的十八大提出，把立德树人作为教育根本任务，培养德智体美全面发展的社会主义建设者和接班人。2016 年 9 月，教育部发布了《中国学生发展核心素养》。《中国学生发展核心素养》的提出，在宏观任务的落实与微观课堂的教学之间架起了沟通的桥梁。

核心素养是党的教育方针的具体化，是连接宏观教育理念、培养目标与具体教育教学实践的中间环节。党的教育方针通过核心素养这一桥梁，可以转化为教育教学实践可用的、教育工作者易于理解的具体要求，明确学生应具备的必备品格和关键能力，从宏观层面深入回答“立什么德，树什么人”的根本问题，引领课程改革和育人模式变革。

作为教师，我们是教育工作的直接参与者，是教育政策的直接落实者。党和国家越来越重视教育，立德树人、社会主义核心价值观、中华优秀传统文化、学科核心素养要融入课堂教学中，课堂教学是教育的最后一个关口。

不同学科的教师，要把核心素养真正融入课堂中，还要应用教育学和心理学有关知识，把最新的教学理念融入一线教学中去。

当然，把立德树人的根本任务与学科素养相结合融入课堂当中，并不是一件轻而易举的事情。有些学科的教师常常感慨：我们这一学科的内容是非常客观的，内容都是具体的数据，好像无法与立德树人的根本任务联系起来。这种观点乍听好像很有道理，其实是站位不高、用心不够的缘故。

对于这种问题，我想通过自己在工作中遇到的一些实例来给大家分享一下自己的看法和思考，也许可以给大家带来一些启发。

案例一：小学三年级数学课中核心素养与育人价值的落实

课题：认识年月日和时分秒。

我到某小学调研听课，一位小学数学教师问我：我们小学数学就是教会学生认识数字，学会计算，如何在小学数学课堂上体现育人价值，落实核心素养的目标呢？我先是问她数学核心素养包括哪些。在这位教师回答之后，我又问她我们让学生拥有数学核心素养的最终目的是什么。她回答是让学生能够在实际生活中运用，能够解决问题，更好地为社会服务。我肯定了她的说法并指出：我们培养发展学生数学核心素养的终极目标是让学生学会用数学的眼光观察现实世界，用数学的思维思考问题，用数学的方法、逻辑解决问题，做对社会有益的事。有了这样的意识，就可以结合数学核心素养，联系生活实际，精心选材，给学生创设真实的生活情境，把学科核心素养和育人价值落实到课堂中了。

针对“认识年月日和时分秒”这一课例，我给她提出具体的教学建议：

上课后，教师以问题为导向，首先向学生提出几个问题。如：同学们注意观看大屏幕，留心幻灯片中的主人翁是谁，哪一年、哪一月、哪一日、几点、几分到哪儿去了、见了谁。随后播放一组中共中央总书记、国家主席、中央军委主席习近平出访的视频，让学生观看后回答。

这样做既没有背离本节课的教学内容，又以关注新闻为切入点，让学生关注了社会，了解了生活，渗透了数学核心素养，解决了实际问题，也落实了学科的育人价值。这样的课堂教学实现了策略、方法和价值观的有机统一。

基于核心素养下的教学，教师站位要高，定位要准，既要把握该科教学内容的本质，又要结合生活实际，从生活中精心选材，创设合适的教学情境，提供一个好的情境、好的问题引发学生思考。

案例二：小学三年级英语课中核心素养与育人价值的落实

这是一节认识红、黄、蓝、绿英语单词的小学三年级英语课，课例原型是这样的：教师通过展示几张彩色小纸片引入对应英语单词的学习。

我给教师提出建议修改后的教学设计如下：

（大屏幕展示中国国旗）

师：同学们，这是美丽的中国国旗，它是什么颜色的？

生：红色的。

师：很好。同学们都知道，红色象征着它是用革命烈士的鲜血染成的。下面我们学习“红色”这个英语单词。

（师领读英语单词）

师：大家再看一下，上面的五星是什么颜色的？

生：金黄色。

师：金黄色，正确。

（大屏幕展示丰收的麦田的图片）

同学们再看这幅图片：麦浪滚滚，一片金黄。这是老师拍摄的咱校园外的麦田。河南号称“中国大粮仓”，小麦产量一直占全国总量的20%以上，位居全国第一，这是咱们河南人的骄傲！

下面我们学习“黄色”这个英语单词。

（师领读英语单词）

（屏幕呈现蓝天的图片）

师：同学们，你们看到的又是什么呢？

生：祖国的蓝天。

师：看，蓝天上还有什么？

生：还有大飞机，飞机上有C919字样。

师：同学们，这就是我们国产的大飞机C919。看，还有我们的歼-10

战斗机。同学们，正是有歼-10战斗机、东风系列导弹和我们可爱的解放军战士保卫着祖国的安全，我们才能在教室里安静地学习。下面我们学习“蓝色”这个英语单词。

（师领读英语单词）

（爱国教育、军事教育、国防教育、拥军教育水到渠成、润物无声）

（出示浙江安吉的图片）

师：同学们，谁去过这个地方？请给大家讲讲这是哪里。

生：暑假爸爸妈妈带我去过，这是浙江省的安吉县，习近平在此提出了“绿水青山就是金山银山”。

师：同学们，浙江很美，安吉很美。我们的河南也很美，南太行也很美。南太行就在我们身边，我们是南太行的守护人。同学们，咱们能否守得住这片绿水青山呢？能否让来南太行旅游的人由衷地感慨南太行真美呢？下面我们学习“绿色”这个英语单词。

（师领读英语单词）

（通过“南太行就在我们身边，我们是南太行的守护人”两句铿锵有力的话语，激起学生热爱美丽家乡、建设美丽家乡的自豪感和使命感）

由此可见，在教学中落实育人价值与核心素养要求教师不仅具备本学科的学科素养，而且还需具有开阔的视野。同时应关心国家，关注社会，注重对学生的心智培养、道德培养、思维培养，让学生具备学习辨识能力和一定的创新意识。

案例三：初高中物理知识衔接中核心素养与育人价值的落实

这节课的主题是讲“力的合成”（平行四边形法则），课例原型就题论题，缺少实验、缺少情境、缺少育人价值与核心素养的落实。

改进后的教学设计如下：

导课：先找两名同学上台来做老师的助手。他们在老师的指导下将两个铁架台间隔一定距离摆放。一名同学将细橡皮绳两端扎在铁架台上，扎点等高，橡皮筋水平；另一名同学将一枚钩码挂在橡皮绳的正中央，慢慢松手，其他同学注意观察。钩码稳定后，橡皮绳呈现V形，左上方的力和右上方的力共同承担起了钩码对挂点向下的拉力，它们是如何共同承担力的呢？今天我们就来学习互成角度力的合成。

（观察和实验是物理学赖以产生和发展的基础。此处通过学生参与演示实验培养他们动手动脑的习惯和自主探究的意识。目前，中小学实验教学问题很大，多媒体只是辅助教学，不能取代真实的物理实验，实验应该是看得见、摸得着的。）

课中练习：

1. 山东舰上的歼 -15 战机为什么要逆风起飞？（回顾初中物理：流速差—压强差—压力差—举力）

2. 阻拦索（中国国产特种钢丝绳）挂住飞机以后，呈 V 形，已知某时刻左后方钢丝绳 F_1 的大小、右后方钢丝绳拉力 F_2 的大小及 F_1 和 F_2 的夹角大小，求此时阻拦索对飞机向后的拉力。

这节课中，我们应该注意的问题是：

第一，教师不应该仅单纯地传授学科知识，对学生进行做题技能的训练，还应该注重让学生参与实验，在实验中增强学生的动手能力和操作意识。我们的课堂运用多媒体可以提高教学效率，增加课堂容量，但该做实验的一定要做，不可忽视学生动手能力的培养。

第二，知识从生活中来，我们一定要带领学生联系生活实际，了解真实的生活，解决生活的实际问题。比如，“山东舰上的歼 -15 战机逆风起飞”“阻拦索对飞机向后产生拉力”等问题，从知识层面上讲，一系列真实的情境让学生理解了从理论到实践应用的过程，感知学以致用的道理；从育人层面上讲，可以激起学生的民族自豪感和使命感及热爱军备、热爱军队、热爱国家的多种情怀。

第三，我们要让信息技术服务课堂，把课堂中一些难以理解的地方用直观的视频和课件呈现，把看不了的大东西浓缩，把看不见的小东西放大，以便学生观察和思考，从而更加有效地帮助他们理解知识，掌握技能。真实的视频、图片能够让学生更加直观地认识生活、认识社会，了解国家发展和世界格局。

鉴于以上课堂实例，我们必须提高政治站位，涵养政策素养。教师只有站得高，才能看得远。教师只有站在国家的层面上，才能真正理解课堂教学该做什么，才知道自己的课堂到底应该是什么样子。国家要求教育立德育人，要求全员育人、全科育人、全程育人，所以我们教师不是教书匠，而是大先生，应该“家事、国事、天下事，事事关心”。教师有了家国情怀，才能引领学生拥有家国情怀。强国必先强师，教师要练好一身真本领，踏踏实实做好本职工作，立足新时代，做好强国路上的筑梦人。

有效培育历史学科核心素养的教学策略

河南省第二实验中学　王　涛

摘　要：本文基于核心素养与课程教学的内在联系，围绕初中阶段如何有效培育历史学科核心素养开展了一系列实践研究，认为有效培育历史学科核心素养，其教学策略的前提是教师理念的更新，途径是教学方法的改进，关键是历史与现实关联，保障是评价方式的变革。

关键词：历史　学科核心素养　教学策略

随着人类社会步入21世纪，人工智能、经济全球化等变革纷至沓来。未来需要什么样的人才，我们的学生需要具备什么样的品格和能力才能成为全面发展的人，才能适应社会发展和时代进步的需要，才能承担起国家和人类的未来发展使命，这不仅是中国，也是全世界需要回答的问题。

党的十九大明确提出："要全面贯彻党的教育方针，落实立德树人根本任务，发展素质教育，推进教育公平，培养德智体美全面发展的社会主义建设者和接班人。"为教育"为谁培养人""培养什么人""怎样培养人"指明了方向。

一、从核心素养到学科教学

1. 核心素养的提出

为更好地落实立德树人根本任务，适应当前世界教育发展的趋势，提升我国的教育国际竞争力，2016年9月，教育部正式公布了《中国学生发展核心素养》总体框架，明确了学生应具备的适应终身发展和社会发展需要的必备品格和关键能力。这是在立德树人根本任务指引下，集中体现育人目标的重要成果。

2. 学科核心素养与核心素养的关系

《中国学生发展核心素养》总体框架公布后，2017 年出台的普通高中课程标准进一步提出了学科核心素养理念，将各学科应承担起的培育学生核心素养的责任，清晰地呈现在所有教育者的面前。这是各学科专家基于学科的本质围绕核心素养培育凝练出来的，明确了学生学习该学科课程后应达成的正确的价值观念、必备品格和关键能力。这一理念为从核心素养到课程标准再到课程内容搭起了桥梁，成为教师实施教学必须关注的内容。

3. 历史学科核心素养的内涵

具体到历史学科，《普通高中历史课程标准（2017 年版）》提出历史学科核心素养由“唯物史观”“时空观念”“史料实证”“历史解释”和“家国情怀”五部分组成。这五部分在逻辑上彼此自洽，构成一个完整的整体。其中，唯物史观是历史学科培育核心素养任务得以达成的理论保证；时空观念是核心素养培育过程中学科本质的体现，是历史学科有别于其他学科的重要特征；史料实证是历史学科在核心素养培育方面得以达成的途径；历史解释是历史学科在核心素养培育中对思维与表达能力的要求；家国情怀体现了历史学科核心素养培育中的价值目标。

众所周知，国家课程标准是国家规定某一学科的课程性质、课程目标、内容目标、实施建议的教学指导性文件。该文件不仅是教材编写、评估和考试命题的依据，更是教师实施教学的依据。因此，《普通高中历史课程标准（2017 年版）》提出的历史学科核心素养必然会直接作用于高中历史教学，并影响到初中历史教学的开展。因此是每位历史教育工作者必须关注的内容。

二、基于核心素养培育的教学探索

其实早在《中国学生发展核心素养》框架和历史学科核心素养提出之前，王涛初中历史名师工作室的成员就在河南省第二实验中学“让每个孩子阳光灿烂”的办学理念引领下，为打造“高质量低负担”的省属实验学校教学特色，努力探索在历史学科教学中有效完成育人目标的方法。如：

引导学生通过史料实证方法完成形成历史解释的“家谱制作”作业；开设有助于学生家国情怀培养的综合实践课程“祭英烈铸青春”等。这些对于学生核心素养的培育都起到了促进作用。在《中国学生发展核心素养》框架特别是历史学科核心素养正式出台后，名师工作室成员又围绕着核心素养在教学中的落实，深入开展了一系列探索。

1. 溯本求源，认真研习相关理论

首先，工作室成员一起认真学习了《普通高中历史课程标准（2017 年版）》，对历史学科核心素养内容进行了深入分析，明确了关键内涵和逻辑关系，并进一步学习了《中国学生发展核心素养》，对其框架的文化基础、自主发展、社会参与三个方面，人文底蕴、科学精神、学会学习、健康生活、责任担当、实践创新六大领域，以及国家认同等 18 个基本点做了认真的比对。最终追溯到统领教育开展的党的教育方针的内容，明确了从最早的“双基”要求到三维目标，再到核心素养，是我们的党和国家与时俱进，不断逼近教育内核的理论进展，也更加明确了历史教育工作者自身的使命。

2. 大胆实践，让学科核心素养在教学中落实

课堂教学是核心素养培育的主阵地。名师工作室成员根据学校“优悦课堂”建设要求，围绕如何让核心素养的培育从课程标准落实到课堂教学，进行了认真的研究。在学校每年一度的“静听花开”教学活动月和论坛上，都通过研讨课和报告的形式进行研究成果展示。

在研究如何把核心素养培育落实到教学设计和教学实施等具体的课堂教学环节中时，经常遇见的一个问题是忘了初心，迷失方向。所以，在从备课到教学、从观课到议课的全过程中，我们始终围绕“核心素养培育的落地”这条主线展开，不断用以下问题追问我们的教学：

（1）教学设计能否体现核心素养培育目标？（为何而教）

（2）教学设计能否达到核心素养的培育目标？（教有何用）

（3）教学设计是否为实现核心素养培育的最佳途径？（因何教此）

（4）教学实施是否达到了预设的核心素养培育目标？（所教如何）

三、有效培育历史学科核心素养的教学策略

通过共同研课、人人上课、展示互评等环节，工作室成员逐步澄清了如何在实践中更好地落实核心素养培育目标，实现历史学科育人任务的认识，提出了有效培育历史学科核心素养的教学策略。

策略是指可以实现目标的较为系统的方法。而有效的教学策略，则是工作室成员通过实践研究，围绕实现历史学科核心素养培育目标这一中心总结出的有一定逻辑性的方法，具体如下：

1. 前提是教师理念的更新

同样的历史学科内容，不同教师的教学表现在培育历史学科核心素养的有效性上差异极大。其教学表现可以被分为指向核心素养培育的教学和指向非核心素养培育的教学两种形态。

通过研究对比不难发现，造成两者差异的最大问题，不是来源于教学内容、教学环境等外部因素，而是来自教师的内在教育理念。在指向非核心素养培育的教学中，教师往往重智轻德，单纯追求分数和升学率，对于教学目标实现的判定，是以升学率、考试成绩等进行的。因此，这类教学使师生都陷入沉重的“应试困境”，把智力密集型的学习转变成为大量机械刷题及死记硬背应试内容的体力密集型劳动。因为要拼体力、拼时间，所以学生困于题海之中，其社会责任、创新精神和实践能力自然缺乏有效培育途径，更无从谈起立德树人根本任务的实现。

因此，学科核心素养提出后，穿新鞋走老路的教师和教学现象依然存在的根本原因，就是教师观念的陈旧。所以，有效实现历史学科核心素养培育目标的前提，必须是更新教师理念，从“育分”转向育人。

2. 途径是教学方法的改进

仅有理念的转变是不够的。从“育分”转向育人之后，很多教师的教学方法没有能够及时改进，还是停留在满堂灌的“填鸭式”教学之中。例如，一些教师习惯性地用自己或书本上的历史解释来代替学生对于历史的追溯和解释。常见的话语体系就是“同学们，来看书，×× 事件是历史的常考点，而这一段就是关于 ×× 事件的历史意义，是重点。请大家画一下，现在就背”。其结果是让本应充满学习趣味和历史智慧的历史课变成了死

记硬背、枯燥乏味的代名词。本应是教师带领学生一起进行的充满挑战和乐趣的历史追溯之旅，变成了教师艰难推进的独角戏。眼看着原本充满青春活力、对历史颇有兴趣的学生逐渐变得毫无兴趣、毫无激情，甚至厌倦了历史学习。他们既没有自己的历史观点，又谈不上家国情怀的升华。这样的历史教学方式，只会让历史课堂教学远离核心素养培育的主渠道。

仔细研读历史学科核心素养后，工作室成员认为：从客观存在的历史到旁观者、参与者留下的各类史料，再到编写者加工呈现的教材，由于种种原因，大量信息已散失在时空长河之中，所以有效培育学生历史学科核心素养的教学方法，必须远离过去的传统灌输式，而应当由师生共同完成充满智慧与挑战的历史追溯之旅。例如，在统编版《中国历史（七年级上册）》第 21 课“活动课：让我们共同来感受历史”的学习中，围绕“史料实证”等素养的培育，我的设计方案中没有去讲什么是实物史料、什么是文字史料、什么是图片史料，而是课前 1 ～ 2 周要求学生两人一组从身边的实物入手制作本组的历史展，并书写展览介绍。教学的第一环节，让学生呈现展览作品，然后派出一人用 10 分钟时间去其他组参观，另一人则负责向其他组的参观者介绍本组的展品。第二环节，让同组的参观者和介绍者用 5 分钟时间讨论，发现本组展览的特点和值得改进之处。第三环节，由原来的参观者留守介绍，而另一人出去参观。第四环节，参观结束后，同伴间用 5 分钟时间讨论，形成对展览的整体认识。要求学生总结出本组展览最突出的优点和最值得改进之处，同时推举他们心中最优秀的展览设计，并写出推荐词。第五环节，各组分享发言。最后，教师根据学生的反馈和自身的观察，对本课学习进行概括，澄清学生认识，形成正确的学习结论。

因为内容不限，学生们感受历史的渠道各有不同，所以学生带来的展览物品各有千秋：既有历代钱币这样的实物资料，也有上下五千年这样的文字资料，还有自己家庭老照片这样既有实物资料属性又有图片资料属性的展品，有些同学还别出心裁地带来了视频等动态的音像资料……

学生通过对本课的学习，充分认识了“史料实证”的意义。同时，在介绍展览和聆听其他组讲解，以及商量改进的过程中，“历史解释”素养得以充分发展。参观的展品都是来自学生本人，“家国情怀”素养在无声中浸润着心灵。学习结束后，教师的概括和引领，学生的思考和辨别，则让时空观念和唯物史观在思想深处扎根。这样的学习得到了学生和家长的喜爱。虽然整节课教师的话语很少，但是这节课学生的学习效度、历史学科核心素养培育的有效性，远远大于教师的满堂灌。这充分证明，有效培育历史学科核心素养的途径是教学方法的改进。

3. 关键是历史与现实的关联

通过学习，工作室成员对于历史学科的育人价值有了更清晰的认识，从忙于教历史到明白为什么教历史。古语云“以史为鉴，可以知兴替”，历史学习可以帮助学生积累人文底蕴。其重要的育人价值，绝不仅仅是追溯历史事实，更应当是汲取历史智慧，用唯物史观去审视现实，理解别人的解释，形成自己的解释。

所以，脱离实际沉醉于故纸堆中的历史教学，是无法真正培育历史学科核心素养的。为此，学校开设了文明之旅这样的实践课程，让学生带着学案自己去博物馆追寻历史发展的脉络；还带着学生来到黄河岸边，让他们在回顾母亲河的历史中思考今天该如何保护母亲河。

工作室成员还参与到 MMUN（蒙特梭利模拟联合国）项目之中，学生在扮演各国外交官对世界重大时事问题进行探讨提出议案的过程中，主动汲取历史智慧，去解决世界现实问题，充分彰显历史诸素养的育人价值。这样的努力，让我们很多学生能够带着自己的提案，在全世界 30 多个国家青少年共同参加的 MMUN 国际峰会中，登上联合国金色大厅的发言台，成为大会提交联合国秘书长的代表提案。

4. 保障是评价方式的变革

在现实的教学中，要想实现有效培育历史学科核心素养的目标，一个回避不了的话题就是学生面临的升学问题，如果考试评价的方式不变革，那么，有效培育历史学科核心素养这一目标就没有保障，只会成为核心素养培育口号轰轰烈烈、应试教育训练扎扎实实的笑话。

工作室成员通过研究近几年的中考和高考命题发现，学界不仅在探索学科核心素养的内涵，也在探索学科核心素养的评价。这些评价问题的出现，进一步引导了在历史学科的教学中对核心素养的培育工作。例如：2018 年的河南省中考历史第 22 题第（3）小题这样提问：“据材料三，你如何理解维新运动在社会上的‘思想启蒙’作用？”这充分体现了对学生“历史解释”核心素养的考查。而此类问题在没有聚焦到学生核心素养培育之前，出现在命题中的设问一般会是：“你认为维新运动在社会上起了什么作用？”学生只要按照教材中已有内容进行复述即可得分，其考查的更多是学生的记忆能力和知识再现的水平。但是现在命题形式的改变则清晰指向了学生能否合理进行观点的历史解释，从而体现出对历史学科核心素养培育成果的考查。

除了纸笔评价，我们还进行了多样化评价历史学科核心素养培育成果的设计。例如：我们的实践性评价作业——三代过年方式的调查，就是让学生通过对历史亲历者的口述历史调查，增加亲子关系，培育史料实证素养，升华学生家国情怀。许多家长十分感谢这样的评价形式，因为这样的评价方式帮助他们找到了和自己孩子对话的平台，从家族历史中折射出了国家富强的宏伟历史画卷，寓教于乐，寓学习于亲情，让家庭亲子关系得到了增强，也让家长受到了教育。

对于有效培育历史学科核心素养的教学策略的研究，让学生和我们的教师都获得了长足的发展，取得了一定的成绩。

曹歆昕、常子秋等多名学生成为河南省博物院小志愿者讲解员。耿雪聪等多位教师获得“一师一优课，一课一名师”部优课、河南省优质课一等奖等荣誉。历史学科成为我校最闪亮的一张名片。

路漫漫其修远兮，吾将上下而求索。在探索有效培育历史学科核心素养教学策略的路上，名师工作室成员一直在努力，我们相信：不忘实现立德树人根本任务的初心，定会找到最有效的核心素养培育策略，实现育人目标！

参考文献

[1] 徐蓝．基于历史学科核心素养的课程结构与内容设计——2017 版《普通高中历史课程标准》解读 [J]．人民教育，2018（8）：44-52.

[2] 林崇德．学生发展核心素养：面向未来应该培养怎样的人？[J]．中国教育学刊，2016（6）：1-2.

［3］崔允漷．有效教学：理念与策略（下）［J］．人民教育，2001（7）：42-43.

［4］贺千红．历史学科核心素养及培养途径初探［J］．历史教学（上半月刊），2016（2）：21-26.

［5］周云华．设计有度　精彩无限——“核心素养时代”下的初中历史教学设计［J］．中小学教师培训，2018（7）：52-56.

［6］邵朝友，周文叶，崔允漷．基于核心素养的课程标准研制：国际经验与启示［J］．全球教育展望，2015（8）：14-22.

［7］顾明远．核心素养：课程改革的原动力［J］．人民教育，2015（13）：17-18.

［8］张雪亚，倪仲．口述历史教学：人性化达成学科核心素养［J］．人民教育，2017（Z1）：73-75.

核心素养：基于初中生物学教学的探索与思考

濮阳市第七中学　都　娟

摘　要：本文综述了生物学核心素养的内涵，并对基于核心素养的生物学教学进行了实践与探索，即教学过程中紧紧围绕三个方面培养学生的生物学核心素养：一是融合三维目标，在目标确立中聚焦学生生物学核心素养；二是落实四个关注，在教育教学过程中培养学生生物学核心素养；三是立足多元评价，运用多元评价体系检验学生生物学核心素养。通过培养和发展学生的生物学核心素养，为初中学生的全面发展打下坚实的基础。

关键词：初中　生物学　核心素养　探索与思考

2014 年 3 月，教育部颁发了《关于全面深化课程改革 落实立德树人根本任务的意见》，启动了新一轮的课程改革。立德树人的根本任务通过核心素养这一桥梁，转化为教育教学实践可操作的、教育工作者易于理解的具体要求，明确学生应具备的必备品格和关键能力，深入回答了“立什么德、树什么人”的根本问题，引领课程改革和育人模式的变革。

素养是指能适应复杂要求和能成功开展工作的能力。素养的内涵比知识和技能更为广泛，是集知识、能力、情感、态度、价值观于一体的；核心素养是学生应具备的、能适应终身发展和社会发展需要的必备品格和关键能力。知名学者认为，核心素养包括问题解决、探究能力和批判性思维等认知性素养，也包括自我管理、组织能力和人际交往等非认知性素养。

学科核心素养的确定，是学生核心素养的培养与课程相结合的前提。目前，生物学核心素养（包括生命观念、科学思维、科学探究、社会责任）已作为课程的核心和灵魂纳入高中生物学课程体系，那么，作为初中生物学教师也应认清形势、找准方向、紧跟课改，主动研究生物学核心素养与初中课程教学的联系，落实教学改革与实践，探索与总结生物学核心素养在初中生物学教学中的应用。

生物学核心素养的发展与生物学教育教学紧密相关，生物学教育教学是实现培养与发展学生核心素养的有效途径。因此，生物学教育教学尤其是课堂教学必须紧紧围绕培养学生生物学核心素养展开和进行。

一、融合三维目标，在目标确立中聚焦学生生物学核心素养

教学目标是课堂教学的出发点，也是教和学最终回归点。教师在确定教学目标时，必须了解生物学核心素养的内涵，掌握生物学课程标准，关注生物学重要概念和具体的教学内容，把握生物学核心素养的具体目标，并考虑学生已掌握的经验基础和学习方式等。

教学目标的设计要循序渐进、不断深化，同时还要充分评估教学目标的有效性及目标是否准确，与实际教学内容、学生的认知水平和心理特征是否契合；评估教学目标的阐述是否明晰、细化、开放、多层，且具有可操作性；评估教学目标是否符合学生的内在需求，是否适合学生已有的思维结构与能力层次；检测教学目标是否落实到了整个课堂教学活动中。

初中生物学课程倡导的三维目标——知识目标、能力目标、情感态度价值观目标，自 2001 年开始一直沿用到现在。2017 年新修订的高中生物学课程标准中不再提三维目标，而是以学科核心素养代之，但这并不意味着对三维目标的全面否定，而是依据学生核心素养体系和学科特点，使学科课程更好地彰显育人功能。所以说，学科核心素养是对三维目标的拓展与整合。与三维目标相比，学科核心素养更多地强调学生的必备品格和关键能力。学科核心素养加强了原有三维目标的融合，关注的范围更加广泛，是对三维目标的综合性提升，是三维目标的升级版。

学科核心素养立意下的教学目标应表述为在什么条件或情境中学习什么知识，习得何种核心素养。具体包含三要素，即具体知识、学习路径、学科核心素养。例如，《动物的运动》这节课的教学目标可表述为：第一，通过指认人或动物的骨骼模型，触摸羊的关节，观察鸡翅，说明动物运动依赖一定的结构，形成结构和功能相适应的生物学观点，并在小组成员不

同分工的动手操作中完成团队合作探究。第二，通过亲身体验和构建模型，总结运动产生的结构基础，描述骨、关节、肌肉的协调配合完成运动的过程，形成归纳与概括、演绎与推理、模型与建模、批判性思维等探讨生命现象及规律的科学思维。第三，通过认同生命的本质在于运动，养成积极锻炼的良好习惯，并通过向周围人宣传健康运动的重要性，培养学生的社会责任感。

总之，确立教学目标必须以三维目标为基础，以教学活动为依托，以学生核心素养的发展为指导思想，才能实现水到渠成、纲举目张。

二、落实四个关注，在教学过程中培养学生生物学核心素养

1. 关注问题情境

问题情境是指在具体目标的指引下，能够通过分析、理解、归纳等策略达成目标的空间学习环境，具有一定的针对性、启发性、新颖性、趣味性、互动性。创设问题情境能够激发学生探究问题和解决问题的积极性和创造性，从而真正促进学生变被动为主动，由学会向会学的学习方式的转变，是实现培养学生生物学核心素养的有效手段。

在教学设计中，教师需要找准问题情境的切入点，明晰学生科学思维的认知起点，创设多样的问题情境，选择科学的探究内容和探究方法，精心设置问题，抓住基于学生思维发展的课堂动态生成，引领学生对科技和社会树立正确的态度和责任心，有利于培养学生的生物学核心素养。

例如：在学习《人的性别遗传》时，教师可以通过一个小故事，创设一个问题情境，对学生进行生命观念、社会责任感等生物学核心素养的培养。“在一个古老的部落里，部落酋长的妻子生下一个女孩儿。本该是件喜事儿，可没想到厄运很快就降临到酋长妻子的身上。原来，这个原始部落一直有重男轻女的传统，所有人都认为酋长妻子之所以生不了男孩儿，是酋长妻子本人出了问题，是天神恼羞成怒的不祥征兆，所以酋长妻子在部落里受到冷落和非议，最终被赶出部落。”创设了故事情境，教师顺势抛出问题：酋长的妻子真的生不出男孩儿吗？生男生女难道完全是由女人决定吗？问题情境激起了学生的愤慨情绪，并产生想一吐为快的辩论冲动，

可学生又不知道怎样科学、规范地表达，此时，可以通过一个小游戏“黑白配”来演示生男生女的概率是相同的。教师适时从社会责任的角度对学生进行教育：“性别没有尊卑，人格没有贵贱，思想的落后导致人的愚昧行为，我们应该用所学的知识武装大脑，关注涉及生物学的社会议题，参与讨论并作出理性解释，辨别迷信和伪科学，为澄清事实和造福人类尽一份力量、做一份贡献。”

2. 关注重要概念

《义务教育生物学课程标准（2011 年版）》的教学建议中，对概念、生物学概念、生物学重要概念，对教师教学中实施概念教学的重要性和意义作出了解释和要求。概念是对事物的抽象或概括。生物学概念是生物学课程内容的基本组成。生物学重要概念包括对生命现象、规律、理论等的理解和解释，对学生学习生物学具有重要的支撑作用，是生物学的主干知识部分。概念教学是建立生命观念、发展科学思维、实施科学探究、培养社会责任的重要载体和途径。围绕生物学重要概念组织开展教学活动，能有效地提高教学效果，有助于学生对知识的深入理解和应用。

例如：在学习《动物的运动》这一节内容时，可以通过播放《动物世界》的视频，展现动物千姿百态的运动方式。学生以小组为单位展开讨论：动物具有如此强大的运动能力，其意义是什么？动物究竟为什么要千方百计地让自己“动”起来呢？师生讨论、交流、归纳、总结：动物具有强大的运动能力，有利于觅食和避敌，有利于争夺栖息地和繁殖后代，以适应复杂多变的环境。这样的教学设计有利于帮助学生在深刻理解“动物的行为使其能适应环境的变化，提高其存活和繁殖的机会”重要概念的基础上形成进化与适应观的生命观念。在学生明白动物运动意义的基础上，教师进一步指出人类运动的意义不仅仅在于觅食和避敌，人类的运动有了更多的精神追求和思想追求，比如，人类在运动的过程中可以欣赏沿途的美景，在运动的过程中可以挑战生活的激情，甚至能够把运动和美结合起来。随着社会经济水平不断提高，越来越多的人喜欢上了运动，并且形成了一定的组织，比如马拉松、NBA（美国职业篮球联赛）等，而这些体育项目又赋予了运动更深刻的意义：不断地挑战自我、战胜自我，追求公平与公正，追求世界的和平。同时，通过鼓励学生向他人宣传运动的重要意义及健康生活和关爱生命等相关知识，能够有效培养学生的社会责任感。

3. 关注探究活动

美国《国家科学教育标准》中指出，探究是一种多侧面的活动，需要多观察，需要提出问题，需要弄清楚什么情况是大家已经知道的东西，需要设计调研方案，需要运用各种手段来收集、分析数据，需要给出问题答案、解释和预测，需要把研究结果告知于人。

例如：探究“鸟适于飞行的特点”

师：（播放鸟类飞行的图片）同学们，看着鸟儿在空中飞翔的优美身姿，你一定感慨万千，我要是也有一对翅膀，也许就能像鸟儿一样自由飞翔了……下面就让我们带着“飞”的梦想，去探究鸟儿飞行的秘密。

师：提出问题——鸟的身体有哪些适于飞行的特点？

在作出假设之前，教师先演示一个小实验：将一张薄纸扔向空中，薄纸飘飘悠悠地落到地上。

师：如何使这张薄纸在空中飞行的时间更长一些，飞行距离更远一些呢？

生：叠成纸飞机。

师：（叠一架纸飞机，扔向空中）大家想想，这架纸飞机为什么能飞起来？

生 1：纸飞机有翅膀，空气能为其提供向上的浮力。

生 2：纸飞机前面是尖的，可以减少飞行时空气的阻力。

…… ……

师：如果不给纸飞机提供向前飞的动力，纸飞机能不能起飞？

生：不能，必须向前扔一下纸飞机。

师：刚才我们只是轻轻扔了一下纸飞机，如果我们给纸飞机安装一个发动机，为纸飞机提供一个更长时间的飞行动力，它会飞行得更高、更远吗？

生：应该会。

师：（演示用力扔纸飞机，纸飞机飞得更远）同学们能不能从纸飞机起飞的现象中获得灵感和启发呢？现在，大家就来猜想一下，鸟的身体有哪些适于飞行的特点呢？

生 1：鸟类有翅膀，可以扇动空气。

生 2：鸟的体重应该很轻。

生 3：鸟的肌肉一定很发达。

生 4：鸟的头部很“小”，可以减少飞行时空气的阻力。

…… ……

师：以上仅仅是我们的假设和猜想，而要得出可靠的结论，是需要提供证据的。下面，让我们制订计划进行探究。

学生以小组为单位讨论制订本小组的探究计划——通过观察家鸽骨骼模型探究鸟类的骨骼特征，通过观察活体家鸽探究鸟类的体型、羽毛、胸肌等特征，通过阅读教材上提供的资料探究鸟类的食量、气囊、心脏、直肠、膀胱等结构的特点。

学生通过观察、阅读、讨论、交流、归纳、整理得出结论：

飞行器官：前肢变成翼，有大型正羽

减少空气阻力：身体呈流线型

提供动力：①胸肌发达，牵引两翼飞行

②食量大，消化能力强

③心脏比重大，心搏快

④有气囊协助呼吸

减轻比重：①骨片薄、长骨中空

②直肠短，及时排出粪便

通过该探究活动，学生亲历了科学探究的全过程，掌握了科学探究的基本思路和方法，尝试运用归纳、概括、推理等方法探讨、阐释生命现象及规律，形成尊重事实和证据、崇尚严谨和务实的科学思维。

4. 关注生活实践

结合本地资源开展生活实践活动，用生物学知识解释生命现象、解决现实生活中的问题，是生物学核心素养的重要内容。根据新课程标准的要求，利用各种教学资源，有计划地引导学生进行实验探究、参观调查、采集标本、制作模型、栽培养殖及与生物学科相联系的生产实践等活动，培养学生动手实践、解决实际问题的能力。不仅要利用实验室资源，做好课本中的探究实验，还要亲近自然，融入社会，让自然环境资源和社会资源成为生物学实践教学强有力的支撑点。例如，识别校园、街道、公园中的植物，观察植物的形态、生长和繁殖，去农田、河边、树林和草地调查生物的种类，调查街区的环境污染，宣传珍爱生命、保护环境、拯救地球的重要意义，在节假日向身边人宣传健康的生活方式等，帮助学生在生活中拓展对生物学知识的理解和应用，进一步提升学生解决实际生活问题的能力，培养学生生物学核心素养。

例如：生物学寒假作业——为全家准备一份“有爱”的年夜饭

（1）列食谱。运用所学知识，设计一份既营养合理又经济实惠的年夜饭食谱，关心长辈的饮食。

设计意图：通过设计年夜饭食谱，帮助学生进一步理解食物中所含有的营养物质，以及“均衡饮食、合理膳食”的理念在生活实践中的具体应用，形成物质与能量观的生命观念。

（2）酿米酒。俗话说无酒不成席，请参考教材《人类对细菌和真菌的利用》一节中“制作米酒”的内容，尝试自己酿米酒，为年夜饭添一缕酒香。

设计意图：通过制作米酒，学生理解酵母菌在无氧的条件下能将有机物分解，产生酒精和二氧化碳。米酒度数极低，且含有糯米的清香，是一种健康美味的饮品。饮用过程中，向家人宣传“适量饮酒、健康饮食”的生活方式。

（3）种芽苗。上网查阅芽苗菜的种植方法，尝试自己种出黄豆芽、绿豆芽、豌豆苗等芽苗菜，为年夜饭增添一道纯天然的“暖心”蔬菜。

设计意图：通过种植芽苗菜，学生学会搜集和查阅资料、分析和处理信息；观察种子萌发的过程，感受新生命带来的兴奋与喜悦；一盘盘鲜嫩的芽苗菜摆上餐桌，让学生强烈感受“绿色”带给家人的生态与健康。

三、立足多元评价，运用多元评价体系检验学生生物学核心素养

生物学核心素养的培养应根植于教育教学活动中，而教育教学活动离不开科学、多元的教学评价，有效的教学评价能促进教育教学的改进与提高，对教育质量的提升起引领作用，同时也是生物学核心素养落地、落实、

落细的关键。

构建多元的评价模式，如教师评价学生、学生自我评价、学生相互评价，甚至家长参评等，同时要充分重视学生在评价过程中的主体地位。评价的手段灵活多样，除纸笔测试外，还可以采用其他方式，比如，成果展示、科普小论文撰写等。要尊重学生的差异，针对不同学生的优缺点与存在的问题，提出解决问题的最佳方案，尤其对于缺少自信心学生的评价更要注重鼓励和支持，以充分发挥评价的作用。

濮阳市第七中学成立“春天来了”生物社团。“抱个花盆入社啦”是“春天来了”生物社团的入社口号，也是加入该社团的前提条件。学生从家里抱来一个花盆，教师为其发放植物种子。一段时间后，凡是能够种出植物幼苗的同学，都可以申请加入该社团。别小看这株幼苗，它能破土而出，是件了不起的事情：学生不仅要了解种子萌发的内部条件和外界条件，还要对植株进行认真、悉心、科学、持久的关注与呵护，同时，更要有足够的耐心默默守候、静等花开。“花盆里是否能长出幼苗”是对学生能否灵活运用课本知识、观察植物生长过程、探索生命规律等实践探究能力的综合评价。尤其是在植物生长的过程中，学生切身感受到生命的顽强与生机，产生对生命的敬畏、尊重与热爱，提高了生物学核心素养。

总之，核心素养的培养需要课程体系的变革：从关注学科内容向关注学生能力转变，从关注知识点向关注学生核心素养转变，在传承中创新，在不变中思变，让教育的终极目标指向培养全面发展的人。

参考文献

［1］闫白洋，李玉刚．基于发展学生生物学核心素养课堂转型的探索［J］．教学月刊·中学版（教学参考），2019（3）：41–44.

［2］张桂梅．基于学科核心素养的初中生物学“主线教学”——以苏科版“植物的生殖（第一课时）”教学为例［J］．基础教育课程，2019（Z1）：96–101.

［3］余红月．基于发展学生生物学核心素养的“减数分裂”一课的教学设计［J］．生物学教学，2019（2）：30–31.

［4］余绍平．基于学生发展核心素养的生物学“学案导学”模式解析［J］．亚太教育，2019（1）：66-68.

［5］包春莹．从发展学生核心素养的视角分析初中生物学的教育价值［J］．生物学教学，2018（8）：24-26.

［6］谢亦驰．生物学核心素养的课堂教学应注意的问题［J］．中学生物学，2018（8）：76-77.

［7］李本新．多维度发展学生生物学核心素养的策略［J］．中学生物教学，2018（16）：33.

［8］宋立伟．基于核心素养的高中生物课堂教学——以“种群数量的变化”为例［J］．中学生物学，2018（8）：20-22.

第三章

小学篇

核心素养：基于语文学科大阅读的思考与实践

河南省濮阳市实验小学 李桂荣

摘 要：大阅读是培养学生语文核心素养的重要方式。构建系统科学的大阅读课程策略体系，拓宽学生学习内容和阅读渠道，让阅读规模和总量变大，使阅读的内容和方法增多，形成独特的阅读文化，实现课程内容活动化、活动内容课程化。在语文学科大阅读培育中，学生依靠课程资源与活动的精神滋养，内在世界变得更为丰富，从而逐步形成语文的必备品格和关键能力，核心素养也得到了提升。

关键词：语文核心素养 大阅读路径探索 阅读评价

基于小学语文学科的大阅读是在核心素养的航向指引下，充分彰显学科特点，学校通过构建大阅读策略，以新的思维进行探索与实践。

一、核心素养下语文学科大阅读的提出背景

1. 小学阶段的阅读认知

脑科学家经过调查研究发现，人在6—12岁这个阶段是阅读能力发展的关键期，这个时期的阅读是开发语言天赋的基础。小学语文课本的单一性已经满足不了孩子们大脑成长的需求，而博览群书能够促进孩子们的智慧不断生长。阅读力与学习力是成正比的，在某种程度上阅读力就是学习力，阅读为孩子积蓄成长的能量，最终形成强大的发展力。

2. 大阅读的提出背景

2014年，教育部颁发的《关于全面深化课程改革 落实立德树人根本任务的意见》提出“核心素养”的概念，指出了学生应具备的、适应终身

发展的关键能力和基本品格，强调个人修养、社会关爱与家国情怀，注重学生自主发展、合作参与、实践创新，着力于人的全面发展，要求学校把核心素养落实到学科教学。《普通高中语文课程标准（2017年版）》这样界定："语文学科核心素养是学生在积极的语言实践活动中积累与建构起来，并在真实的语言运用情境中表现出来的语言能力及其品质；是学生在语文学习中获得的语言知识与语言能力，思维方法与思维品质，情感、态度与价值观的综合体现。主要包括'语言建构与运用''思维发展与提升''审美鉴赏与创造''文化传承与理解'四个方面。"以核心素养为根本，推进语文课程深层改革，既要关注知识技能的外显功能，更要重视课程的隐性价值，最终实现培养合格公民和全面发展的人的目的。倪文锦教授认为："语文核心素养也就是学生通过语文课程的学习所逐步形成的语文必备品格和关键能力。"而要提升学生的语文核心素养，语文学科中的大阅读是其关键所在。

在核心素养的视野下，日常的语文教学活动既要重视语文教材的建设与运用，更要重视之后的拓展与延伸。引导学生进行课外阅读，在国家课程标准中已做出明确要求。因此，课外阅读，就不再是纯粹意义上的"课外"活动，而应是学校的"课内"课程。作为语文教师，在校本课程开发中不能缺少"课外阅读"这重要的一项，这是我们的责任。

温儒敏教授曾指出："忽视课外阅读，语文课就只是半截子的。"所以，统编教材就在让语文课向课外阅读延伸以及拓宽学生课外学习生活上着力，把课外阅读纳入进来，设置了新的板块"快乐读书吧""和大人一起读"，中高年级又加大了课外阅读延伸力度，到初中还增加了"名著导读"，促使语文教学从课堂延伸到课外的举措得到更好落实。

"注重师生的成长与发展，打造温润的书香校园"是我校坚定的教育理念和不变的文化追求，我校也一直朝着课外阅读课程化的方向努力。

基于此，我们进行大阅读的思考、探索与具体实践，通过课程的实施，旨在让所有的学生达到课标规定的阅读量。从课程目标的设置，到课程内容的选定，再到课程的实施与评价，形成了一套较为系统的大阅读课程体系，为进行核心素养下语文学科大阅读的探索与实践打下了良好的基础。

二、核心素养下语文学科大阅读的框架及课程转化

语文学科核心素养的提出，对当前语文课堂教学的变革具有重要的影响。语文课程目标从“双基”到“三维”再到以发展学科核心素养为导向，这种变革适应了时代变化对学生发展提出的新要求。

1. 制定大阅读序列目标

我们以语文核心素养为航向引领，坚持下要保底、上不封顶原则，确定每学期各年级的序列阅读数量目标，小学毕业时，学生课外阅读量至少要达到 300 万字，古诗文和现代文背诵篇目共 300 篇，另外各有 100 篇选背篇目，并确定了分学期的课外阅读序列能力目标。

2. 编写大阅读校本课程

语文核心素养的四要素是一个整体，要全面把握，践行语文核心素养的关键在于国家课程校本化该如何实施。国家课程具有共性的价值，而国家课程校本化，是学校和教师根据学生的需求，对国家课程进行的二次开发，努力最大化满足本校学生的学习需求。我们遵循“经典为主、兴趣为主、原著为主、结合教材”的原则，确定了每学期各年级的必读与选读书目。规定每学期要读整本书的数量为“6+X”本：“6”是所有孩子必读的书目数量，这是保底的；“X”是选读书目，上不封顶，书目还可以不断地调整。

经典的作品经历了时间的考验，承载着丰厚的文化价值。小学阶段又正是人的一生中记忆的黄金时段，因其生理、心理及年龄特点，他们对于未知世界充满着强烈的渴望与好奇，阅读经典能满足这一精神需求。我们根据课程标准，从儿童和文化的视角，精选了适合各年龄段学生背诵的经典诗文，编写了校本课程《小学生经典诗文计划诵读“自助餐”》（青岛出版社）、《中华经典诵读》（吉林出版社），所选作品既有唐诗宋词又有现代诗歌等。

3. 构建大阅读“345”教学模式

荣维东教授认为语文核心素养最关键的就是落实语用。为了在课堂上更多地关注学生的语言实践，提高语文课堂教学效率以实现学生大量的课外阅读，我们构建了一种引导学生自主合作、高效学习的“345”大阅读

教学模式："3"是三个注重，即重阅读、重积累、重素养，"4"是四个学会，指会读、会写、会思考、会交流，"5"是五个环节，即课堂教学实施的预习检测、读透文本、评价鉴赏、拓展延伸、习作练笔，使学生学习语言、感悟语言，从而运用语言，并在量的积累上产生质的飞跃。学生感悟语言的过程，不仅是语言建构与运用的过程，同时也是思维发展与提升、审美鉴赏与创造、文化传承与理解的过程。其中"拓展延伸"瞄准学生阅读能力的全面提升。我们在实践中不断创新，又探索出"1+X"阅读教学模式、单元整组阅读教学模式、统整阅读教学模式、群文阅读教学模式等几种变式。

学生在阅读能力的发展上具有梯次递进的特点，我们培养学生的阅读能力就要有明确的相应的序列，以保障阅读教学的有效性。在群文阅读教学模式实践中，教师研读课标和教材，对各年级各学期的阅读教学的内容、阅读能力的培养与训练列出了一个明晰的序，整理出了120多个训练点，编写了《小学生快乐阅读步步高》群文阅读校本课程一套10册，由青岛出版社出版。

三、核心素养下语文学科大阅读的培育路径

我们通过营造独特的阅读文化氛围、开设多课型的阅读课、开展多形式的阅读活动，来激发学生的阅读兴趣，引导他们开展合作探究，使学生通过实践、思考获得知识和经验，开发其潜质，培养其创造力，通过系统的活动实现课程化。

1. 营造独特的阅读文化氛围

学校为了给学生提供良好的阅读环境，围绕"水""运动""阅读"三个关键字词开展校园文化建设，引领师生弘扬水的精神、品格，行走在阅读间，让书香浸润心灵，用阅读丰厚底蕴。走在水韵灵动的校园，阅读随时发生：古朴厚重的行走博物馆，启迪智慧的寻梦科技馆，意蕴隽永的漫溯图书馆，恢宏大气的水文化主题圆厅和独具魅力的校园吉尼斯展示平台，再加上独具匠心的学子书吧，色彩明丽的班级书架，栩栩如生的动物树绘，童趣盎然的彩虹小路，新颖别致的树围长廊，目之所及，如淙淙溪流，

叮咚有韵，使漫步在校园的每一个人都能阅读学校的历史、文化与精神。

2. 开设多课型的阅读课

语文学习离不开情境，要尽可能地为学生创设有益于学习的情境。为了保证课外阅读的时间，每天早读有 10 分钟的“微诵读课”，下午课外活动时间有 20 分钟的“微阅读课”，课上学生在教师的指导下，有计划地背诵、阅读规定的篇目。每周还专设一节阅读课，主要包括导读课、自读课、交流课、延伸课四种课型，根据课的类型，学生去专门打造的阅读教室上课。

3. 开展多形式的阅读活动

从教育的源头来看，无论是孔子的杏坛讲学，还是亚里士多德的学园授道，都并非以静止的内容局限于封闭的空间。杜威更是明确提出“教育即生活”理念。因此，拓展教学空间与课程资源，能给学生提供更广阔的舞台。

（1）班级漂流图书。为了满足学生的阅读需求，学校和新华书店联合创办了读书俱乐部。每学期以班级为单位向新华书店列出阅读书单，每本书保证一个班的数量，整班借阅，师生在一两周内共读一本书，之后在同年级其他班级里漂流，有的班级一学期能共读八九本书，实现了“班级共读多本书”资源共享的目标。

（2）行走在阅读间。让学生对阅读充满情趣和向往，是语文教师的智慧。我们以“行走在阅读间”为主题，把“读万卷书”和“行万里路”有机结合，按照学生的年龄特点分设四个板块：美丽龙都行——阅读家乡，魅力河南行——桑梓情深，梦想中国行——爱我中华，奇丽世界行——放眼全球。每个板块有两条阅读路径供学生自选，第一条阅读路径是各县区或历史悠久的景点，其对应一本适合各年级学生阅读的书籍；第二条阅读路径是学生利用节假日到对应的地方参观游览。学生读完对应的图书以后，不仅可以获得相应积分，还可以荣获“粼粼少年”“潺潺少年”“淼淼少年”“汤汤少年”书香少年称号。核心素养强调学生的过程体验，学生阅读学习的过程就是体验的过程，体验的过程就是人生历练、素养提升的过程。

（3）成立阅读社团。学校600多个读书社团，像雨后春笋一样迅速生长。在濮水河畔、濮大校园，在卫都戚城、新华书店，在科技园区、濮上乐园……

你都会看到沉醉书香的水韵少年。当孩子们的目光在书页中穿行，文字就有了情感和温度。在教师的智慧引领、家长的贴心陪伴下，慢慢地，阅读就成了孩子们的一种习惯、一种信仰。

（4）建立朗读空间。为了营造更加浓郁的阅读氛围，我们建立了自己的朗读空间，学生、教师、家长都可以在星期二如约朗读，通过这种方式激起更高的阅读热情。有的家长还把孩子所讲的故事、读的课文或课外书录音一并发在班级微信群，激励孩子读书，享受阅读乐趣。比如，赵瑞红老师班级的微信群就像一个文学经典超市，内容丰富，随听随选。孙利革老师坚持在朋友圈朗读《论语》等经典。司培宁老师的绘本朗读每晚准时开始。老师们自发成立的学记读书会、《论语》读书会、木瓜树下读书会等蓬勃发展起来，读书反思也成了越来越多教师的专业自觉。

（5）展示主题阅读。为了加强对学生整本书阅读的指导，促使学生大量阅读，我校每学期都举办课外阅读指导研究专题会和师生阅读分享展示会。学生的阅读分享以“主题性阅读”形式展示，根据课外阅读的主题和内容自行设计形式，期末集中展示不少于 15 分钟。一个个阅读展示精彩纷呈，孩子们在阅读的滋养下茁壮成长。

（6）创新教育戏剧。以班级为单位推进的教育戏剧，激发了学生的阅读兴趣，学生通过阅读寻找适合表演的故事，在别样的语文活动中学习，享受着富有情趣的语文生活，越发喜欢语文了。《柳林风声》中自吹自擂的蛤蟆，《孔乙己》中在咸亨酒店跑堂的小伙计，《查理和巧克力工厂》里那个被宠坏的小女孩……这些形象被学生表演得惟妙惟肖。教育戏剧拓展了大阅读的表现形式，以演促读，既激发了学生的阅读兴趣，又加深了对作品的感悟与理解，传承了经典文化。教育戏剧从语文综合实践活动中走来，植根于大阅读教学改革的肥沃土壤，是新语文时代整本书阅读指导的重要环节。教育戏剧以特有的魅力改变了学生的精神风貌，润泽着学生的心灵。

四、核心素养下语文学科大阅读的评价机制

课程的管理离不开监测与评价，大阅读的效果需要准确的评估，这些

评估结果既是进一步完善大阅读的客观依据，也是评析目前大阅读现状的基础。我们认真研究并实施评价策略，把课外阅读纳入到学生学科素养评价中。学科素质评价主要通过“阅读考级”形式进行。

1. 设立级别

考核内容分设十个级别，对应五个年级的十个学期。考级内容主要是规定背诵的课内外优秀诗文、课外阅读书目、应完成的读书笔记（一、二级除外）和阅读能力水平，经考核合格后颁发等级证书。毕业时达到阅读十级水平。

2. 考级形式

“背诵课内外优秀诗文”采取口试的形式，把课文（片段）、古诗、现代诗等组成若干组，任意抽取两组背诵，得到 90 分则通过考级。“课外阅读书目”采取测试的形式，测试目的主要了解学生读了没有，读得怎么样。“读书笔记”采取展示的形式，每级别不少于 20 次阅读记录。“阅读能力水平”采取阅读题测试的形式，标准对应校本课程《小学生快乐阅读步步高》1 ～ 10 册能力训练点，得到 85 分则通过考级。

3. 考级方法

学校成立考评小组，评委由教师、家长和考级级别高的学生担任，学生评委根据考级的情况进行调整，鼓励全体学生积极地投入到读书活动中，掀起读书热潮，并保持读书热情。考级的内容和标准均以《义务教育语文课程标准（2011 年版）》为依据。每学期一次考级，学生先根据自己的实际阅读量向教师申报相应级别，可以跨年级申报考级，再由学校统一安排。

4. 激励评估

学校为考核合格的学生颁发相应等级的考级证书。对于达到四、六、八、十级的学生分别颁发“粼粼小学士”“潺潺小硕士”“淼淼小博士”“汤汤小院士”特别证书。以不同形式进行表彰鼓励，如电子大屏展示、校园网发布、向真人图书馆推荐等，同时，颁发“辅导教师”“书香中队”“书香家庭”奖。

总之，我们在语文学科大阅读方面的探索与实践，改变了过去点状式的状况，拓宽了学生的学习内容和阅读渠道。大阅读理念逐步形成了以“阅读书、阅读人、阅读学校、阅读社会”的大阅读策略体系，构建了良性的阅读生态，形成了独特的阅读文化，为教师专业成长增加了动力，为学生健康发展增添了活力，通过课程的滋养丰润着学生的世界。学生的阅读量持续稳定在各年级平均阅读量之上。更加令人欣慰的是，我们看到了学生精神成长的喜人面貌、语文素养的迅速提升，这些都在为学生的终生幸福奠基。

我们最长远的目标是将学生培育成合格的现代公民和完整意义上的人，现代公民的价值观、基本素质需要在一系列课程和教学活动中培养。所以，依靠语文教学活动中课程资源的精神滋养，通过语文学科大阅读培育学生核心素养的有效途径，能使学生的内在世界变得更为丰富，从而培养自由而全面发展的人。

参考文献

[1] 潘文彬．指向核心素养的语文教学[J]．中小学教师培训，2017(7)：42-45.

[2] 倪文锦．语文核心素养视野中的群文阅读[J]．课程・教材・教法，2017(6)：46-50.

[3] 温儒敏．忽视课外阅读，语文课就只是半截子的[J]．课程・教材・教法，2012(1)：49-52.

[4] 魏本亚．从实践者角度审视语文核心素养[J]．语文建设，2018(4)：9-12.

[5] 徐相瑞，窦明琦．经典诵读课程化的思考与实践[J]．小学语文，2015(12)：41—43.

[6] 魏存智．小学校，大阅读：让阅读引领师生成长[J]．中小学管理，2016(12)：46-47.

让绘画成为美的艺术

——核心素养下美术教学策略的思考与实践

平顶山市新华区建设街小学 刘晓惠

摘 要：在核心素养的理念引领下，如何将传统的绘画转变为帮助学生提升美术素养的艺术，这是现阶段美术教学具体实施的关键所在。在实际的教学中，我们通过聚焦视觉感知，利用美术语言的表达和交流，参与高级复杂的艺术活动，以“画道合一”诠释人文情怀，以广阔的视角延伸美术学习的情境，让学生获得客观真实的审美感受，形成审美判断，提高审美能力。

关键词：核心素养 美术语言 创意实践 美术教学策略

一直以来，大部分人都认为美术老师是教绘画的。怎么把别人眼中一盒彩笔、一张纸的绘画，转化为提升学生美术素养的艺术，这是现阶段核心素养背景下美术教学具体实施的关键所在。

在“双基”教学背景下，美术教师已经习惯于单一的知识与技能传授，课堂上，注重训练学生对形体、比例、色彩的精准描绘，扎实讲授和示范美术专业知识和技法。学生严格按照老师所讲的绘画步骤，画作中所涉及的比例、结构等方面不敢越雷池半步，最后的作品呈现出雷同的画面，好似流水线上的产品，技巧技法掌握了，可是始终少了些灵动个性的表现。

2001 年，教育部颁发的《基础教育课程改革纲要（试行）》中提出三维目标，即通过一定的过程与方法，学习相关的知识与技能，并能形成一定的情感、态度与价值观。在这个过程中，教师注重学习的创意表达，但对美术技能技法少示范或不示范，学生的画虽然表现内容丰富了，但是技法幼稚，少了美术学科的专业性和独特性。

2016年，我们迎来了美术学科核心素养的提出。作为学科灵魂性概念，美术核心素养关注学生最基础的、能适应终身发展和社会发展需要的必备品格和关键能力，品格与能力不等同于简单机械的绘画技能，缺失美术专业知识的创造也是空中楼阁。在两者的权衡中，就要注重教学的过程和方法，使学生在有意义的情境中进行知识内化和真正思维，将其转化为经验并扩大范围，在解决复杂问题过程中形成思维品质和行为习惯。

至此，美术课程标准完成了从教学大纲到内容标准，再走向成就标准的三个形态。

首都师范大学尹少淳教授对美术学科核心素养进行了解读。他认为美术核心素养包括图像识读、美术表现、创意实践、审美判断、文化理解。其中，图像识读、美术表现素养凸显美术学科的个性和唯一性，创意实践、审美判断、文化理解素养具有人文学科的共性。

图像识读意识能培养学生对图像的感受与认识能力，这就是“读图时代”解读生活中的视觉信息后形成的基础素养。创意实践、审美判断和文化理解，作为前两个核心素养的延伸，将美术依托于文化中进行理解，目的在于培养学生审美能力、创新实践能力。

解读了美术学科核心素养，在实际教学中，我主要从以下几方面进行教学实践。

一、聚焦视觉感知，突出视觉表现

美术是视觉的艺术，它依赖一定的物质材料，以塑造让人观看的直觉艺术形象为根本目的。视觉表现就是将视觉的心理进行建构和表现，感受图像呈现的形象，积累创造灵感，根据自己的理解进行艺术创造。

《义务教育美术课程标准（2011年版）》提出：美术课程以对视觉形象的感知、理解和创造为特征，是学校教学美育的主要途径，是九年义务教育阶段全体学生必修的基础课程，在实施素质教育的过程中具有不可替代的作用。

学生在美术课堂上对美的感知是在瞬间形成的，所以在美术教学中，要凸显其特有的视觉性，将美瞬间植入学生眼中，然后让学生根据自己的回忆进行理解和创造。

以《秋天的落叶》一课为例，课前，我让学生观察生活中树叶颜色的变化，使其初步感知和体验；课中，展示秋叶图片和视频，让学生感知秋叶的形状、色彩和肌理，以强烈的视觉冲击唤起学生对秋叶的回忆；课后，创意表现落叶，感知自然之美，用学到的色彩知识描绘生活中的美。

学习《我爱吃的水果》一课时，课前，我让学生对生活中各类水果的形状、色彩进行观察；课中，将准备的不同水果放在一起，按照美的原则进行设计和色彩搭配，激发学生美术表现的欲望；课后，用所学知识自己制作水果拼盘，将对美的感受和创作运用于生活。这样的教学使美术学习成为内在需求，而不是外部驱动。

二、利用美术语言，传递审美感受

美，一定是有表达性的。《全日制义务教育美术课程标准（实验稿）》提出：美术课程要凸显视觉性，必须强调对美术语言的学习运用。

小学生对美的描述，习惯于浅层表述外在特点。为凸显美术学科独特性，我们应倾向启发学生运用“肌理”“材质”“色彩”“空间”等美术语言，对作品进行直观、理性的分析和欣赏，感受美学形式的多样性和丰富性。当学生学会用准确而系统的美术语言传达视觉信息、进行艺术表达和情感交流时，才能达到理解视觉艺术的根本目的。

在进行彩泥立体造型《和妈妈在一起》一课时，我有意识地引导学生对新型黏土进行搓、捏、拉的操作，让学生分析材质的质感、特性；同时展示表达亲情的范品，让学生观察作品的配色和造型比例，用与视觉密切相关的美术语言表达自己的感受，从造型艺术的基本构成因素（点、线、形状、色彩、结构、明暗、空间、材质、肌理）进行欣赏；对用造型元素组合成作品的基本原理（比例、对称、平衡、节奏、对比、和谐等）进行评述。使学生学会欣赏，建构丰富的精神世界。

美国教育心理学家奥苏泊尔认为，新知识的获得，主要依赖原有认知结构和新知识相互作用，才能产生有意义的学习，实现新旧知识的同化。

所以，在美术活动实践中，我通过向学生提供全面系统的美术语言，让学生用视觉艺术交流感受，促进知识和能力的迁移，体会不一样的美感，真正获得美术知识与能力。

三、丰富创意实践，进行知识迁移

创意是社会发展的动力，创意实践素养是美术核心素养的重要组成部分。在美术创作活动中，感知、创意和表现都是彼此渗透的，既有创作者内心的体验与构思，又有外部的影响与表现，只有通过高级复杂的美术创作活动，才能把审美意识转化为美术作品。

基于此观点，在《亲亲密密一家子》的教学中，让学生以组为单位，分析版画制作的过程，通过用指甲划吹塑纸，发现刻痕，再对照色卡纸上的图像，结合已学过的“对印”知识，动手实践，刻一刻、涂一涂、印一印，举一反三，自主掌握粉印版画制作这一知识技能。

美术教学是一个具有特殊价值的活动，且具有空间意识、创作体现等多维特点。无论是从创新意义来看，还是从所处环境来看，我们都应该让学生运用美术语言和技能、运用形象思维大胆想象，创造出个性生动的新颖形象，真正把知识转化为能力，体现核心素养的真谛。

四、倡导“画道合一”，诠释人文情怀

山东师范大学孔新苗教授说过：核心素养说到底就是文化的问题，而现代文化的主要内容就是审美，真正美好的东西可以陶冶人的情操。在当今人们注重情怀的时代，人文情怀便成为艺术课堂最有效的切入点。

在《我们一起去旅行》一课中，我将美术设计与旅游文化结合，让学生对祖国美景进行视觉感知，以迁移想象和情感体验为主线，引导学生积累人文素养，唤起学生对描绘风景的兴趣。在“戏剧进校园”活动中，河南豫剧团演员精美的唱段和多变的戏剧造型激起了学生极大兴趣。我们以河南豫剧的艺术历史、文化传承以及社会价值为话题，开展了画脸谱、捏戏剧泥人、设计戏服等美术实践活动，让学生充分感受豫剧的独特魅力。

这些多元综合的体验提高了学生的人文修养。

美术课堂中人文教育的渗透，既有教学形式的转变，又体现在多元的教学内容上，以画载道，以美载道，美术的显性特征得到最好的表露，隐性特征又为文化积淀增加了底蕴。

五、开阔艺术视角，延伸学习情境

培养学生发现美的眼睛，巧用身边丰富素材，拓展学生创造美的途径，培育人文素养，是美术教学的根本。在实际教学中，我开发性地拓展美术学习的途径，让学生的艺术感官更丰富。

1. 开展综合实践，积累创作经验

学校后院 1440 平方米的“耕读园”是学生的劳动实践基地，各种植物的萌芽、生长、开花、结果等自然生态，都可作为学生美术表现的素材。我们先后开展了植物写生、场面创作、果蔬拼摆、豆子画等各种艺术实践活动，在锻炼技能技法的同时，增长学生艺术创造的经验。

2.“化腐朽为神奇”，进行创意设计

美术最根本的目标是培养审美素养，创造美好人生。通过学生的创意将生活中的平淡无奇转化为美的形式，将“腐朽”通过艺术创意变为美好生活的“神来之笔”。形态各异、数量繁多的石头，通过使用依型创意的设计理念，变成了形态各异的“石头画”；“耕读园”里的葫芦，变成了艺术脸谱、立体玩偶、葫芦烙画……各种植物的花、叶、果，成了“花木染”艺术创作的原材料；干树枝与彩泥的结合变成了各种干花装饰；校园消防栓被学生彩绘成了卡通造型；校门口防撞球成了“葫芦娃”的造型；旧报纸、广告页，通过再设计创作，成了生动形象的衍纸作品……学生在丰富多彩的美术创作中，更加了解艺术创意的途径和方法。

3. 参与文化设计，提升艺术运用

鼓励学生参与到校园、班级文化建设中。如学校景观灯图案选定、“二十四节气生长园”设计、移动花钵的培土种植、笑脸墙、班级的小花架……从知识的获取和运用方式着手，构建一个发源于生活的情境，使校园特色建设与学生能力发展相得益彰，引导学生将知识运用在扮美环境上，使校园因为学生的美术技能和素养变得更加美丽。

4. 感知自然情境，促进艺术体验

相对于校内美术教育活动，社区、自然情境的美术教育更丰富，有利于促进学生美术经验的提升。我们充分利用当地资源，和家长一起带领学生去郏县三苏坟、禹州神垕镇、香山寺、知青园等人文景点写生。在此过程中，学生通过与同伴、父母、游客或当地居民进行直接或间接的交流，了解了当地的传统文化。这种综合实践活动，能够促进书画艺术与民风乡俗的相互融合与交流，能够促进学生交际沟通、思考辨析等综合能力的提升。

5. 进行美育融合，拓宽艺术渠道

《关于基础教育改革与发展的决定》中指明，要将艺术课程与德智体教育相互渗透，使之协调发展，将美育融入学校教育的全过程。在教学策略与核心素养的互为关联中，我们尝试将各学科纵向衔接和横向配合，促进学科核心素养的落实。

2018 年 12 月，作为中原名师工作室主持人市级名师共同体理事会成员，我在全区范围内进行了“学科融美，美育精彩”的系列活动。除进行艺术课程成果的展示，我们还将不同学科的市级名师工作室联合起来，进行各学科的美育教育融合，比如语文教学中运用绘画表现诗词的意境，数学教学中运用“图形与组合”表现美的规律，音乐中的旋律以线条呈现……总之，尽可能以更多的视角、更丰富的手段培养学生创造美的能力。各学科在教学目标、教学内容、教学形式与教学方法上都做到了让美的内容陶冶学生情操、启迪智慧，让美的方法吸引学生参与、激发求知欲望。

本次学科融合活动，全市有 11 个各学科名师工作室参加，26 所学校进行了美术创意作品展，平顶山市电视台、《平顶山晚报》、《平顶山日报》、各名师工作室公众号进行了报道，引发了各学科教师关于如何在教学中渗透美育等方面的思考。

经过对实践的再思考，我认为核心素养在美术教学中应通过视觉感知和表现激发学生用美术创作的兴趣。表达美时，用美术语言来描述美，传递审美感受。在丰富的教学内容中，注重人文精神的渗透，以画载道，以美载道。更重要的是培养学生发现美的眼睛，在生活中巧用身边的生活素材，丰富创意实践，进行知识的迁移，拓展学生创造美的途径，体会不一样的美感，从而提高审美能力，真正获得美术的知识和能力。真正使绘画转变为让学生享受美的艺术，感悟美术课真正的内涵美。

参考文献

［1］尹少淳．从核心素养到美术学科核心素养：中国基础教育美术课程的大变轨［J］．美术观察，2017（4）：5–7.

［2］教育部基础教育课程教材专家工作委员会．义务教育美术课程标准（2011年版）［M］．北京：北京师范大学出版社，2011.

［3］孔新苗．关于美术鉴赏教学与发展学生核心素养的几点思考［J］．中国美术教育，2016（5）：7–9.

从理念到行动：基于核心素养的数学实践与思考

南阳市第十七小学 李付晓

摘 要：《义务教育数学课程标准（2011年版）》的十个核心词是构成数学核心素养的重要因素。如何培养学生的数学核心素养呢？在教学实践中，我们要通过培养学生的思考力、理性精神，渗透数学思想方法等途径，让学生经历知识探究过程，建立知识模型，感悟数学思想方法，积累实践经验，从而发展学生的数学核心素养。

关键词：核心素养 思维 理性精神

“核心素养”在教育界早已成为一个热词，热词需要冷思考。作为一线教师的我们应当思考：我们所教学科的核心素养是什么？如何改进教学，落实核心素养？只有想明白这些问题，教学实践才能有明确的方向，核心素养才能真正落实。下面我将从什么是数学核心素养、如何在教学实践中落实数学核心素养两个方面阐释自己的一些思考。

一、什么是数学核心素养

1. 什么是核心素养

2016年9月13日，《中国学生发展核心素养》研究成果正式发布。自此，“核心素养”就成了教育界的高频词。什么是核心素养？研究专家团队对核心素养下的定义是：“学生应具备的、能够适应终身发展和社会发展需要的必备品格和关键能力。”

2. 什么是数学核心素养

马云鹏教授曾指出：《义务教育数学课程标准（2011 年版）》的十个核心词（数感、符号意识、空间观念、几何直观、数据分析观念、运算能力、推理能力、模型思想、应用意识和创新意识）就是数学学科的核心素养。毫无疑问，这十个核心词是构成数学核心素养的重要元素，值得我们反复学习和领会，并在教学实践中落实。有老师认为，应把创新意识作为数学学科的核心素养，这似乎不合适，因为不只是数学，所有学科都应该提高学生的创新意识，培养学生的创新能力。

数学课程标准修订组组长史宁中教授这样概括数学核心素养："用数学的眼光观察现实世界，用数学的思维思考现实世界，用数学的语言表达现实世界。"史教授的这三句话概括起来就是让学生数学地看、数学地想、数学地说，也就是数学地思维。

国内有很多专家学者也对数学核心素养进行了研究。南京大学郑毓信教授说："我们应当通过数学帮助学生学会更清晰、更深入、更全面、更合理地思考，从而不断提高思维的品质，并能真正成为一个高度自觉的理性人。"一线的数学教师则认为计算能力、问题解决能力、思维能力等是最适合数学学科培养的素养。

数学学科的核心素养到底是什么呢？对学科核心素养的理解直接关系到在课堂实践中的落实。学科不同，特点就会不同，那么落实核心素养的角度也就不同。不管是什么学科，都应发挥本学科的作用，贡献本学科独特的力量，与其他学科一起共同提升学生的核心素养。作为一线教师，我一直在思考这个问题。数学学科应该培养学生的理性精神，让学生会思维（会思会想），根据数学学科的特点，我们应当努力促进学生思维的发展和理性思维的养成，培养学生会思会想的数学核心素养。

对于核心素养，不管有怎样的理解和认识，要想把核心素养理念落实到学生，都需要学科作为桥梁，在学科教学中落实。

二、如何在教学实践中落实数学核心素养

那么如何通过数学学科来落实核心素养？理念先行，行动为基。要落

实核心素养必须做好三件事情：让学生掌握知识、提高能力、发展素养。掌握知识是基础，发展素养是终极目标。没有知识的素养目标都是空谈。数学知识包括概念、公式、法则、公理、定理等。数学能力包括抽象能力、逻辑推理能力、空间想象能力和运算能力等。数学品格应当是指数学意识、理性精神、思维品质、数学情感等。数学能力和数学品格构成了数学核心素养，可从以下几方面着手去落实核心素养。

1. 培养思考能力，落实核心素养

当前，我们的学生大多缺少独立思考的能力，思考力有待提高，教学中应通过数学练习来培养学生的思维能力和思考习惯。

（1）追寻数学本质，促进学生思考。苏联教育家赞科夫曾说：“教会学生思考，这对学生来说是一生中最有价值的本钱。”会思考素养的培养不是一蹴而就的，需要持之以恒地坚持。在教学实践中，要引领学生追寻数学本质，经历知识形成过程，经历思和想的过程，促进学生思考力提高。学生的学习不能停留在低阶思维的层面，要引导学生养成追根问底、追寻数学本质的良好习惯。追寻数学本质的学习，才能激发学生学习的热情，促进学生思考。

在追寻数学本质的过程中，学生的思考能力在提高，良好的思维习惯会逐步养成。思考能力得到提升，思维会越来越“数学化”。例如，“三角形三边关系”这节课的目标该如何定位呢？是掌握“任意两边之和大于第三边”这样一个结论，还是探索为什么三角形三边之间有“任意两边之和大于第三边”这样的关系？理念不同，目标定位就不同。一般教师都会把前者定为这节课的目标。如果这节课仅仅了解“任意两边之和大于第三边”这个事实，用不了多长时间，也产生不了多大的价值，学生的数学核心素养也得不到培养。如果把目标定位为后者，围绕目标去设计适配的活动，再通过课堂上的一连串“为什么”引导学生经历、体验、探索知识的形成过程，促进学生思考，积累活动的经验。这样的课堂让真正的学习发生了，这是“真课堂”，这样的课堂让才有“数学味”，学生的数学核心素养才会得到培养。

（2）把握课堂节奏，给学生思考空间。在教学实践中，我们要慢下来，给学生思考的空间、顿悟的机会，让学生真正学会思考。下面是个关于复合单位的教学案例：

快镜头：小刚6分钟跑了1800米，小军4分钟跑了800米，谁跑得快？老师是这样处理的：

首先，让学生说思路。1800÷6=300（米），800÷4=200（米）。然后，老师解释说，这是速度，表示速度时应该使用复合单位。

至于为什么速度用复合单位，学生并不理解。

慢镜头：老师先出示一组信息，每秒2米、每小时80千米等。这些信息都是表示速度的，老师先引导学生认识“速度”这一概念，接着出示下面的练习题：

1. 美国短跑名将鲍威尔男子100米赛跑的成绩是10秒，他平均每秒能跑多少米？

2. 蜗牛全速急爬10个小时，才能爬100米，它平均每小时能爬多少米？

学生列式解答：1.100÷10=10（米）。2.100÷10=10（米）。

老师问：难道短跑名将的速度与蜗牛的速度一样吗？怎样才能区分清楚？从而让学生明白使用复合单位的必要性。

为学之道在于悟。上面例子快镜头中老师提出表示速度时要使用复合单位，而慢镜头中，老师有意设置矛盾情境，让学生体会到复合单位使用的必要性，这样学生记忆会更深刻。慢是为了快，唯有慢下来，才能更细致地思考。在该慢的地方慢下来，后续的学习中才能快起来。在课堂上，我们要有策略地慢下来，在解读难点、强化重点、辨析关键点处慢下来，学会等待，等待学生顿悟，学生会还你精彩。

数学家陈省身说：“数学是自己思考的产物，首先要能够思考起来，用自己的见解和别人的见解交换，会有很好的效果。但是，我不知道中小学数学课堂是否能够提供很多思考时间。”我们的课堂给学生提供很多思考的时间了吗？不仅少有，很多时候还让学生即兴思维。数学学习的一个重要作用，就是让人们养成深入思考的习惯。如果没有长期的思考训练，就不会养成深入思考问题的习惯，思考习惯的培养，需要给学生思考的时间和空间。

（3）问题引领，将思维引向深处。著名数学家苏步青曾明确指出：“学数学最关键的是培养一种数学的思维，这种思维不是用灌输的办法教出来的。”因此，教数学就要教思维，学数学就要学思维。课堂上，要充分发挥学生学习的自主性，引领学生充分探究，发展学生的思维能力。但是学生的思维能力不是自发形成的，而是在老师的引领下发展起来的。教师发挥引领作用最重要的一个手段就是通过问题来引领。

2. 培养理性精神，落实核心素养

有这样一道测试题：“船上有35只绵羊，12只山羊，船长多少岁？”出题人的目的显然就是要考查学生的质疑能力和批判精神，而这些理性的精神正是我们学生所缺失的。德国数学家菲利克斯·克莱因说：“数学是一种精神，一种理性的精神。正是这种精神，激发、促进、鼓舞并驱使人类的思维得以运用到最完善的程度。”毋庸置疑，理性精神是数学品格的重要内核，可以通过培养科学严谨的意识、提高反思能力等形式培养学生的理性精神。学生的反思能力是需要培养的。在教学实践中，要让所有学生在独立思考的基础上，有效互动交流；引导学生有根有据、有条有理思考并表达自己的想法，对别人的发言做出合理的评价、质疑、补充和改进。引导学生经常思考以下问题：在做什么？如何做的？为什么要这样做？做的有没有错误？如何才能做得更好？是否还有其他更好的解题方法？经常如此，就可以提高学生的思考力，培养学生的理性精神。

3. 重视思想方法渗透，落实核心素养

数学思想方法是数学学科的精髓和灵魂。数学教学应该建立在对数学思想方法的感悟及应用上。学生掌握了数学思想方法，就能把握数学本质，从而优化思维品质，终身受益。因此基于核心素养的教学实践，要把体会、感悟及运用数学思想方法作为教学的常态目标，让其真正成为学生素养不可分割的一部分，使学生在长期的潜移默化中理解并掌握数学思想方法。

如何在实践中落实数学思想方法？

（1）落实数学思想方法教学目标。对于数学思想方法教学目标，不同的年级定位不同，低年级学生是感受、了解，中年级学生是体会、认识，高年级学生是理解、运用。在教学设计时，我们要把数学思想方法教学目标放到与知识技能目标同等的地位，一起呈现出来，清晰地板书出来，而不是隐隐约约、朦朦胧胧地渗透，要真正把数学思想方法的教学目标落到实处。

（2）在知识形成过程中感悟数学思想方法，特别是在概念的教学中让学生感悟数学思想方法。人民教育出版社小学数学编辑室主任王永春认为，数学 80% 的错误都是因概念不清导致的，学生对概念理解的水平与其成绩成正比。由此可见概念教学的重要性。概念是构筑数学大厦的基石，要让学生在了解概念的形成过程中体会抽象思维，获得数学思想方法。

(3) 持之以恒，浸润滋养。数学教材有两条线，一条是明线——知识线，另一条是暗线——思想方法线，这条暗线恰恰是最有价值的内容，它是学生素养形成和发展的根本，对于学生核心素养的提升起决定作用。这就要求我们在数学教学中研透教材，挖掘教材内容的本质，通过数学思想方法的使用来培养学生的思维，提高学生的数学素养，为学生的终身发展打好基础。

总之，核心素养下的课堂教学实践，关键是要发展学生的思维，让学生通过一系列思维活动经历探究过程，建立知识模型，感受数学思想方法，积累实践经验。我们要为思维而教，为理解而教，为素养而教。

参考文献

[1] 郑毓信. 从“数学文化”到“数学核心素养”[J]. 江苏教育，2017(7)：19-22.

[2] 郑毓信. 以“深度教学”落实数学核心素养[J]. 小学数学教师，2017(9)：4-10.

[3] 张奠宙，巩子坤，任敏龙，等. 小学数学教材中的大道理：核心概念的理解与呈现[M]. 上海：上海教育出版社，2018.

[4] 吴正宪，张秋爽. 理解儿童，理解数学[J]. 小学数学教师，2016(12)：4-16.

[5] 王永春. 小学数学与数学思想方法[M]. 上海：华东师范大学出版社，2014.

[6] 曹培英. 跨越断层，走出误区：“数学课程标准”核心词的解读与实践研究[M]. 上海：上海教育出版社，2017.

用好统编语文教材 发展学生核心素养

郑州市经纬中学小学部 徐艳霞

摘 要：《义务教育语文课程标准（2011 年版）》的基本理念之一是“全面提高学生的语文素养”。其在指导思想中明确提出，语文课程应激发和培育学生热爱语文的思想感情，指导学生正确地理解和运用语言文字，使他们具有适应实际需要的识字写字能力、阅读能力、写作能力、口语交际能力。因此，语文教师要站在培育学生学科素养的高度上，认真研究和利用好统编教材，陶冶学生的道德情操和审美情趣，不断提高学生的阅读理解、思维和表达等能力。

关键词：统编教材 语文核心素养

学生核心素养是指“应具备的适应终身发展和社会发展需要的必备品格和关键能力”。语文教育要专注于培养学生的核心素养，体现出学科的育人价值和教育的可持续性。结合学科特点，我认为小学语文核心素养的基本内容如下：“热爱祖国语言文字，具有良好的道德修养和审美情趣”，这从根本上保证了语文教育的育人价值，是最重要的必备品格；关键能力，应该是阅读理解能力、思维能力和表达能力。学生具备了扎实的阅读理解能力、思维能力和表达能力，就夯实了听、说、读、写的基础，打好了学习语文的底子。统编小学语文教科书（以下简称“统编教材”）以宽泛的人文主题和语文训练的基本要素两条线编排课程内容，循序渐进发展学生的必备品格和关键能力。因此，我们要用好统编教材，切实培育学生的学科核心素养。

一、发挥教材育人价值，塑造学生必备品格

统编教材在选文方面坚持立德树人，特别注重选文的经典性、时代性和育人价值，把好了选文价值取向关。因此，语文教师的教学站位一定要高，要从学生的实际接受能力出发，按照语文学习需要，充分发挥语文课程独特的育人功能，通过多形式、多途径将思想教育内容融入学习活动中，引导学生践行社会主义核心价值观，感受中华优秀文化的丰厚博大，培育热爱祖国语言的感情，弘扬民族精神和革命传统教育，激发爱国热情和民族自豪感，增强国家主权与海洋意识，渗透生态文明教育，涵养学生品格，确保学科育人价值取向的真正落地。

1. 坚持文道统一

文与道，两者既不能对立，也不可分割，语文教学要做到文道兼得。教学思想教育性很强的课文时，教师不能一味灌输大道理，要关注文章语言表达形式和思想内容，处理好语言文字学习目标与思想教育目标的关系，把学习理解、运用语言文字与感受人物形象和美好品德融为一体。定位教学目标时，教师不要把情感态度、价值观的目标定得太高，一定要体现语文学科的特点，明确课文的语言文字学习目标，重点落实好语言文字的训练。

2. 提高思想教育的实效性

一些革命传统教育题材的课文和学生的生活有一定距离，学生理解时不易与文中人物产生情感共鸣。例如课文《吃水不忘挖井人》《难忘的泼水节》等，课前可以让学生查阅搜集相关资料，缩短学生与主人公之间的距离，为课中感悟人物品质奠定基础。教学中，教师要用好课后思考练习题，适时补充一些必要的时代背景和人物材料。

统编教材精选了诸多语句优美的名家名篇，旨在培育儿童真善美的内心世界。教学时，抓住关键词句指导感情朗读，是感悟文本的有效方法。例如《朱德的扁担》一课，可抓住“山高路陡”“一块儿”“爬山”等词句，感悟朱德与战士们同甘共苦、以身作则的高贵品质；也可引导学生观察插图，从“草鞋”“斗笠”等细节，体会朱德与红军战士一样艰苦朴素。

在“热爱祖国传统文化”“增强海洋主权意识”等方面，低年级学生还不能够准确理解。教师可结合课文内容归纳引领，通过指导学生有感情地朗读，激发学生热爱祖国以及灿烂文化的美好情感。

二、遵循教材编写理念，培养学生关键能力

语文学习要做到听、说、读、写和思并重。多读、多写、多思是发展语文素养的重要途径。

1. 读书为要，发展阅读理解能力

阅读是获得信息、增长知识的主要手段，是发展理解能力的重要途径。因此，统编教材提出了“读书为要”。

（1）增强文体意识。统编教材是按照单元来组织课程内容的，组织方式多元化，有题材组合、文体组合和综合组合等。不同文体的课文，阅读方法和教学重点都有所区别。读童话，应引导学生感受情境，体会人物心理。读寓言故事，应引导学生联系生活实际，理解文本蕴含的道理。学习古诗，贵在感受汉语之美、音韵之美。教师要引导学生反复诵读，读得滚瓜烂熟，不用过多阐释，也不要安排“释诗题，知作者，解诗句”等程序化的环节。读说明文，主要理解“如何说明白”。诗歌的魅力在于它的想象力和感染力，不要讲太多，不要拔高要求。诵读是基本方法，达到初步感受、了解、体会意境和美好即可。读小说，要关注情节、环境，感受人物形象，不要教得太复杂。读古典名著，大致能读懂即可，对情节、人物有大致的体会和感受，初步感受古典文学语言的简洁、精练之美，能够读下去是关键，不提写法要求。

同时，也要区分精读和略读课型的功能。精读课是举例子，讲方法，举一反三，激发学生的读书兴趣，因此要学得精、学得细；略读课需要学生自主阅读，把精读课上学到的方法在阅读实践中尝试运用，主要是围绕阅读提示或核心问题探究阅读、运用方法的过程。

（2）准确落实语文要素。备课时，要整体把握全册教材的教学要求和单元目标，综合研究单元中所有指向教学目标的内容，在教学中灵活运用。设计教学环节和内容时，要紧密围绕目标，不可偏离。例如《火烧云》

的教学重点，是让学生了解课文是从哪几个方面把火烧云的特点写清楚的。一节课的目标与要求要科学适度，不宜拔高。例如把握文章的主要内容、复述能力的培养，要按照教材的编排体系，循序渐进地发展学生的能力。

统编教材的课后练习题主要包括积累优美词句、朗读、默读、理解课文内容、体会表达特点等题型，以加强学生对课文的整体感知和领悟把握，促进理解和交流。教师要认真研究单元导语和课后练习题，将其转化为适合贴切的核心问题和读书方法，指导学生阅读与交流。

统编教材从中年级开始编排阅读策略单元，引导学生学习提问、猜测等阅读策略，使学生最终爱上阅读，成为积极的阅读者。这些单元选入的课文在题材和文体方面都没有限制。教学时，教师不能从文本内容出发，不能再按人文主题诸篇教课文，一定要按编写意图来教，指导学生一些阅读的方法，例如猜测、默读、浏览，以及如何读一整本书，如何检索资料有目的地阅读等。

（3）加强拓展阅读。学生的阅读量越大，阅读面越广，阅读速度越快，理解和写作能力越强。课文就是一个例子，教师要树立大阅读理念，用心研究“如何从读课文例子延伸到云阅读”，鼓励学生海量阅读，多读书，读文字量大的书，读整本书。

每学完一课，要在语文课和学生的语文生活之间疏通一条通道，适时推荐同类或者同作者的相关作品，拓展学生的阅读量。因此，语文课要留出拓展阅读的时间和空间，不要安排得太满。同时，根据各学段的教学目标，有计划地安排课外阅读，逐步增加阅读量和阅读难度。

组织好读书栏目。“和大人一起读”提倡大人陪孩子一起听读故事、学唱儿歌童谣，吸引孩子读书，养成良好的阅读习惯。以朗读为主，也可讲读或对话式阅读，但要突出书面语言阅读。教师要通过家长会、微信等平台做好指导。“我爱阅读”以学生的自主阅读和交流为主。“快乐读书吧”主要是阅读童谣和儿歌，引导学生读整本书，养成爱护书籍的好习惯。教师要做好点拨，注意保护学生的天性，尊重其学习过程中的情感体验。

2. 勤于实践，发展语言表达能力

统编教材加强了语言表达的内容，特别是书面表达，力求阅读理解和语言表达内容上的均衡，提出了“阅读和表达并重”的观点。特别创新编排了习作单元，改变了传统以阅读为中心的编排体系，在提升阅读能力的同时，提升口语和书面表达能力。不断积累和运用语言，是发展表达能力的最佳途径。

（1）借助文本，随文说写。统编教材的选文文质兼美，教师除指导学生有感情地朗读、积累语言之外，还要结合课后练习、语文园地中的字词句或词句段栏目，设计说说写写的训练，培养学生勤于练笔的习惯。

教学中，要挖掘教材的典型优势，找准读写结合点，创设情境引导学生积累语言、运用语言。例如《项链》一课："大海，蓝蓝的，又宽又远。沙滩，黄黄的，又松又软。"学生可按照句式仿说："苹果，红红的，又香又甜。"仿照《动物儿歌》中"谁在哪里干什么"的句式，试着说说小鸟、鱼儿和花儿的句子。

课后练习题中除了篇章、段落、词句的积累、背诵和摘抄，还有特色句式、段式的仿写和小练笔等题型，旨在引导学生多积累，重视语言文字的实践应用。例如通过"一分钟能做什么？"引导学生基于文本语境、联系生活实际进行表达。学完《荷花》一课后，可让学生仿照着写一种他们喜欢的植物，尝试书面表达。学了《小真的长头发》一课，可设计写话训练，"想象一下，小真的长头发还能变成什么？还能用来干什么？和同学交流，看谁的想法更奇妙、有趣"，大胆地尝试想象写话。备课时，要充分利用好这些资料，在教学中灵活地指导学生仿写。

（2）围绕主题，真实表达。口语交际教学，要植根于对教材的理解。无论是学生自主练习，还是教师组织学生互评，都要以教材中的具体要求为标准。

口语交际课上，教师要根据主题创设真实情境，吸引学生积极参与活动，想说，敢说，会说，不断发展沟通和交往能力。例如二年级下册《长大以后做什么》，教师组织学生说说自己的理想，然后通过"答记者问""小记者参访"等活动，激发学生浓厚的交际兴趣，以完成教学目标：能把自己长大后想干什么说清楚，简单说明理由；能听明白同学说的内容，对感兴趣的内容提出疑问。

口语交际课要切实提升学生的口语能力，帮助学生改进交流中的问题，强调真实的交流、真实的表达、真实的评价，杜绝无效对话、虚假情境、说假话和空话，杜绝表演。

（3）明确要求，指导习作。低年级写话，不要拔高要求，最关键是培养兴趣。选择话题时，教师要密切联系学生的生活经验和想象世界，使其易于动笔。可利用写留言条、提问题和编故事等形式，激发学生写话的兴趣。批改写话时，教师要关注内容，格式方面如有问题提出来即可。在写话思路方面，教师要利用教材中搭建支架的方法，为学生提供帮助。例如介绍自己的好朋友时，可利用“表格 + 例子”从姓名、外貌、常做的事情三方面提供表达思路。没有支架的习作内容，教师可设计提纲，分解成几方面达成目标。

中高年级的习作主要有两种方式：一是阅读单元中的习作训练。小学阶段强调写真实的人和事。中年级习作，兴趣是第一位，注重发挥想象力，强调想写、敢写，强调写清楚，不拘形式，不要求写具体，不要急于谋篇布局、立意创新，杜绝搞套式作文。习作内容上，不要求做到有重点，只在阅读教学中了解是怎么突出重点的。高年级习作才强调写具体，写出情感。因此，教师要注意单元之间、阅读和习作之间的联系。二是独立编排习作单元。习作单元教学要紧紧抓住培养学生的习作能力这条线，突出学生书面表达能力的培养。习作例文是指导学生仿写的，在旁批中直接点出习作的知识与方法，或用提问的方式启发学生思考，不对内容的体会、感受作批注，与作文教学是一个整体，也不能当成阅读单元的略读课文来教。

3. 探究学习，发展思维能力

教学中，教师可通过自主识字、深入阅读等活动，开展多角度的、有创意的学习，拓展思维空间，鼓励学生自主探究，大胆尝试，激活思维。

（1）鼓励学生自主识字、学词。识字教学时，鼓励学生自主学习。例如将识字、学词和认识事物相结合，引导学生归类识字，以及在生活中识字；利用全文不注音的课文，引导学生自主阅读，借助图画和汉字规律、联系语言文字环境或生活实际等方法，有根据地猜读字音或词语的意思。学生在猜测的过程中，分析学习材料，综合分析结果，在说出猜测理由的同时，主动构建词语意义，有效训练学生的逻辑思维能力和表达思维能力。

（2）促进理解内化。统编教材的课后练习非常重视建构文本对学生的意义。如《葡萄沟》：你喜欢葡萄沟吗？说说理由。《日月潭》：你觉得日月潭美在哪儿？找出有关的句子读一读。《我是一只小虫子》：小虫子的生活有意思吗？请围绕你感兴趣的部分和同学交流。《一封信》课后练习题：比较露西前后写的两封信，你更喜欢哪一封，为什么？学生通过阅读领悟实际意义，从文本中接受有意义的东西。理解文本是一个创造的过程。教学中，教师要把有效问题作为课堂的主线，贯穿于教学全过程，引导学生在阅读、表达等言语活动中主动思考。

同时，教师要引导学生通过合理的想象与思考，把握文本的内在价值和意蕴。例如教学《雷锋叔叔在哪里》一课，可引导学生联系生活实际或体验想象“泥泞路”等环境，构建“泥泞”等词语的意义，理解“泥泞路”的意象，激活内心的情感。学习寓言故事时，鼓励学生通过回忆生活中类似的具体事例来理解寓意。

另外，鼓励学生借助提示讲故事，或猜测故事情节，或借助语言和思路的脚手架续编故事，都是促进学生理解文本、拓展思维的有效途径。

(3) 组织批判性与创造性阅读。统编教材的课后练习题非常重视学生对课文的价值追求和探索。例如《池子和河流》：你赞同池子和河流谁的观点，为什么？《景阳冈》：对于课文中的武松，人们有不同的评价。武松真勇敢，“明知山有虎，偏向虎山行”；武松很要面子，有些鲁莽，不听别人善意的劝告，虎口逃生只是侥幸。你有什么看法，说说你的理由。组织学生展开辩论，在思辨中学会从多种视角看问题，锻炼辩证思维。

课文中的“泡泡”或课后练习中，设计了许多启发式、引导性的问题，教师可引导学生创造性地学习。例如《我们奇妙的世界》的课后题：结合生活经验，说说你对“一切看上去都是有生命的”这句话的理解。围绕文中这句话，启发学生展开想象和联想，从身边的普通事物中发现美，真切体验生命的内涵。在此过程中，学生将从理解文本出发，有效反思，形成对客观事物、语言和文学形象的初步认识，培养了初步的评判意识。

教学中，教师要激发学生学习表达的内在动力，为他们搭建展示和交流的平台，引导师生、生生充分互动，鼓励学生独立思考，运用自己的语言大胆地阐述自己的观点，促进理解、运用知识和表达能力的综合提升。

陈先云老师说：“统编教材好教，但教好不容易。”因此，我们必须整体把握统编教材的编写意图、编写理念和创新点，清楚每个单元、每篇课文和每个栏目的学科价值，整体把握教材语文要素，建立全局、宏观、系统和整体思维，从而准确把握每一课的教学目标，让学生经历学习的过程，扎实培育学生的语文核心素养。

参考文献

［1］温儒敏．读书为要：用好语文统编教材的关键［J］．中小学教材教学，2020（7）：1.

［2］常珊珊，李家清．课程改革深化背景下的核心素养体系构建［J］．课程·教材·教法，2015（9）：29–35.

［3］余文森．核心素养导向的课堂教学［M］．上海：上海教育出版社，2017.

［4］常虎温．核心素养中的“关键能力”和“必备品格”及对教师教学的启示［J］．教育理论与实践，2018（20）：53–54.

［5］王姣姣．学生发展核心素养教师读本［M］．北京：世界知识出版社，2017.

［6］陈丽英．小学语文核心素养培养的四个维度分析［J］．广西教育，2017（45）：28–29.

［7］赵永攀．指向语文核心素养的文本解读［J］．教学与管理，2017（17）：26–28.

核心素养：基于小学数学的思考与实践

平顶山市卫东区五条路小学 李慧转

摘 要：数学教育承载着落实立德树人的根本任务、发展素质教育的功能。数学教科书是学生进一步学习数学知识、技能、思想和方法，提升数学素养的重要载体，因此，教师要深入了解教科书的体系和特点，积极探索教科书中所包含的数学思想方法，注重数学文化的渗透，有创造性地开展“图形认识”教学，为培养学生的数学素养打下坚实的基础。

关键词：小学数学 核心素养 建构数学思想方法 继承数学文化

学生发展的核心素养是以科学性、时代性、民族性为基本原则，以培养全面发展的人为核心。它分为三个方面：文化基础、自主发展和社会参与。综合表现为人文底蕴、科学精神、学会学习、健康生活、责任担当和实践创新六大品质，具体细化为国家认同等十八个基本要点。

根据《中国学生发展核心素养》的总体框架，结合学生的年龄特点，进一步提出各学科和学校部分学生的具体表现要求。对于数学学科而言，必备品格涉及联系、语言、量化、综合、反思，而关键能力主要指学生的数感、符号意识、运算能力及推理能力等。

一、小学数学学科核心素养

《义务教育数学课程标准（2011 年版）》最大的改变有四点，其中一个改变是六个核心词变为十个核心词，我们先来回溯小学数学学科核心词的演变历程：

小学算术（清末）：一个是计算，一个是应用。

小学数学（1978 年）：专注于计算能力、初始空间观念和逻辑思维，并解决简单的实际问题。

义务教育数学（2001 年实验稿）：数感、符号意识、空间观念、统计观念、应用意识、推理能力。

义务教育数学（2011 年版）：数感、符号意识、空间观念、几何直观、数据分析观念、运算能力、推理能力、模型思想、应用意识和创新意识。修订后的课程标准为十个核心词，增加了四个核心词。

在小学数学义务教育阶段，随着课程改革的不断前行，我们可以看到义务教育数学课程标准最大的改变有四点：由“双基”变“四基”，由“双能”变“四能”，学习方式发生转变，六个核心词变为十个核心词。人教社小学数学编辑室主任王永春认为，小学数学的核心素养应该包括四个基础（基础知识、基本技能、基本思想、基本活动经验）、四个能力（发现问题、提出问题、分析问题、解决问题）和十大核心概念，强调数学教育的终极目标是让学生达到“三会”，即会用数学的眼光观察现实世界，会用数学的思维思考现实世界，会用数学的语言表达现实世界。

二、小学数学课堂教学下的核心素养

课程改革着眼于基础教育课堂，在核心素养时代，新常态下的教育，以人为本，尊重学生的人格，释放学生的身心，给他们自由发展的空间；从关注学科知识到促进学生成长，从知识的核心到核心素养时代。如何让核心素养落地到小学数学课堂教学呢？下面我从数学教学内容的建构、数学思想方法的渗透和数学文化的继承三方面进行阐述。

1. 通过点线面整体构建数学教学内容

核心素养是在长期的数学学习过程中形成的，而不是一两个课时就能形成的。数学知识的存在往往不是孤立的，而是相互联系和相互依存的。因而，需要教师具备联系的发展观，要关注一课、关注一段，更要注重将相关知识形成整体，理解各个学习单元与整体的关系，以及各单元之间的异同，才能形成知识的整体性，提高学生利用所学知识解决问题的能力，从而提高数学核心素养。

例如，义务教育数学课程将“空间与图形”视为四大知识领域之一，因为它是学生应掌握的基础知识和基本技能，是人人应具备的数学核心素养。“空间与图形”领域有四个分支，分别是图形的认识、测量、图形和变换、图形和位置。其中“图形的认识”主要研究三维空间中的常见图形及其形状和特征，基本元素、基本属性和图形之间的逻辑关系。这些内容是进一步学习图形的大小、位置和转换的基础。例如，人教版1～6年级教材关于图形的认识讲述了以下相应的知识点。

一年级上：认识立体图形、平面图形。

一年级下：认识长方形、正方形的特征。

二年级上：线段、角的初步认识。

三年级上：认识四边形和平行四边形。

四年级上：认识射线、直线，并用射线定义角；认识平行与相交；认识平行四边形和梯形的特征。

四年级下：认识三角形的特征、特性、分类。

五年级上：认识长方体和正方体的特征。

六年级上：认识圆的特征。

六年级下：认识圆柱、圆锥的特征。

上述内容似乎都是知识点，难以把握，但实际上它们是合乎逻辑且有序的。整体内容结构的编排有如下特点：首先，图形认识从常见的基本图形开始。其次，主线基本上是从一维到二维再到三维。同样，二维平面图形与三维立体图形交织。在明确了“图形的认识”每个知识点后，依据课标中的分段目标和教学要求，纵向观察“图形的认识”知识点的排列顺序，用心寻找这些知识点之间的内在关系，不难发现教材是依据学生的认识规律和图形知识的内在关系，分两次编排这部分教学内容的。在低年级阶段，直观地辨认立体图形、平面图形、角，知道这些图形的形状和名称。在中高年级阶段再次出现此类知识时，再深入地认识它们的特征，能用语言描述图形特征，了解某些图形的分类和特性。

我国著名数学家张奠宙教授认为：直观几何的最基本或核心内容是使用平面来描述立体，将空间图形平面化，以及通过平面想象空间物体。因此，在教学“图形的认识”内容时，学生不仅要静态识别一维和二维图形，还要通过图形运动将二维图形转换为三维图形。例如，通过点动成一条线，将一条线移动成面。将静态知识转化为动态知识，帮助学生观察和理解图形，在圆柱和圆锥特征的教学中，教师可使用矩形和三角形的动态旋转，让学生清晰直观地发现二维图形和三维图形之间的隐藏特征和关系。通过整体观察图形知识结构，发现图形知识点之间的联系、线与线之间的联系，从三维图形到一维图形再回到三维图形，从立体图形到平面图形再到角和线（平行、垂直），实现了从整体到局部的教学目标。从一个整体的、动态的、互联的视角，将教科书的内容纳入整个学科的知识网络，形成广泛的知识网络地图，为教师掌握教材，为学生全面地学习和理解知识奠定了坚实的基础。

2. 挖掘教材中渗透的数学思想方法

小学数学教学的基本任务是全面提高学生的素质。因此，向学生渗透一些基本的数学思想方法，是数学教学改革的新视角，是数学核心素质教育的突破口。

史宁中教授曾指出数学发展所依赖的思想在本质上有三个：抽象、推理、模型，通过抽象在现实生活中得到数学的概念和运算法则，通过推理得到数学发展，通过模型建立数学与外部世界的联系。我们必须在教学中有意识地探索相应的数学思想方法并渗透到教学中，培养学生的数学核心素养。

数学思想是前人探索数学真理过程的积累，但数学教科书不一定是对这种探索过程的真实记录。所以有必要深入分析教材、探索教材的内在思想和方法。在对教材的逻辑分析中，除了解教材的制度与背景、地位与作用、要点与困难外，还要遵循知识、方法和思想的顺序。从知识中挖掘方法，从方法中提炼思想，以及从更高的视角对教科书进行分析。教师要吃透课程标准和教材，理解和掌握教材体系，并把握教材的大局，建立各种知识点和单位之间的关系。以数学知识为载体，通过教学目标的设计和教学情境的创造，将数学思想方法渗透到教学计划设计以及知识形成与应用中，教学过程的安排反映了数学思想方法的渗透。

例如，“圆柱与圆锥”单元的教学可以通过观察与还原、展开与折叠、切割与累积及旋转等实现立体图形与平面图形的转化。这样，可以帮助学生获得对圆柱、圆锥的表面积和体积的猜想、验证，还可以发展学生的空间想象、推理能力和创新意识。再如，在“20以内的退位减法”的教学中，教师和学生共同整理了加减法表后，老师向学生提出了以下问题：“1. 竖着看每列是怎样排列的？2. 横着看每行是怎样排列的？3. 你还发现什么有规律的排列？”通过这三个问题的提出，让学生了解各算式间的关系，同时培养学生找规律的能力，发展学生的思维。

总之，教师要深挖教材中的智力因素，有意识地结合教学内容，把培养学生的思维贯穿在不同年级、不同教学环节之中。在获取数学知识的过程中，学生逐渐学会观察、比较、分析、综合、类比、联想、想象和猜测的基本思维方法，体验数学中的基本思想和思维方式，培养思维能力。

3. 继承数学中的数学文化

课程标准开篇部分就指出数学是人类文化的重要组成部分。那么，数学课如何体现出文化意味？教师要深刻理解课程标准，对数学课堂有新的认识和理解，在课堂上有必要向学生阐述数学概念、数学文化观、数学价值观及对数学文化的理解。数学课堂不仅指40分钟的课堂时间，还要包括课堂前课程的准备和课堂的延续。在空间上，不仅包括课堂上有限的地方，还包括学校以外的任何领域。在内容上，不仅要了解数学史和背景故事，还应该更多地关注数学概念的定义、规则定理、思维方法、情感态度价值，感知数学之美、体验数学探索过程和数学文化教育价值的其他方面。例如，在学习分数的相关知识时，教师要向学生介绍生成分数的过程和古人记录分数的方法。数学课堂应该是交流数学文化的地方，是学生不断触及数学本质，感受数学内在文化特征的自由天堂。

数学是一种智慧，它包含数字和形状的美、具体和抽象的推测、创新和超越的精神。作为一线教师，要结合学生在数学课堂中的实际情况，为学生创造条件，大胆放手，鼓励学生参与课堂教学中的各种探索活动，从而深化对活动中数学知识的理解，达到会用数学的眼光观察世界，会用数学的思维思考世界，会用数学的语言表达世界。

参考文献

[1] 中华人民共和国教育部.《义务教育数学课程标准(2011年版)》[M]. 北京: 北京师范大学出版社，2011.

[2] 黄昌炉.小学数学图形教学探讨[J].科教文汇，2009(6): 24.

[3] 陈路.让“立体图形的认识”在儿童的视野下呈现[J].新课程导学，2013(32): 69.

项目化学习：从学科素养走向学习素养的路径探索

郑州市金水区文化路第一小学　鲁桂红

摘　要：本文着眼于小学阶段学生核心素养培养途径，从项目化学习的出现、意义、价值和实施等角度进行了探讨。笔者从驱动性问题的设置、跨学科的学习及学习中的开放与自主等方面介绍了自己所在团队对项目化学习的探索与尝试。

关键词：核心素养　学习素养　项目化学习

这几年教育界上上下下一直高呼着要重视学生核心素养的提升，培育学生核心素养需要有落地的具体路径。我们看到，“项目化学习”为学生素养的培养提供了一种有效的路径，尤其是如何在小学数学、语文、科学这些基础学科中进行项目化学习更值得深入探讨，这种探寻正在为以核心素养为中心的课程改革奠定坚实广泛的学科基础。郑州市金水区文化路第一小学及中原名师鲁桂红工作室在这一方面做出了有益的尝试。

一、为什么选择项目化学习

项目化学习也被称作基于项目的学习。作为一种教学模式，它于 1969 年出现在加拿大的 McMaster 大学下属的一所医学院。由于其教学的实效性被认可，之后又渐渐拓展到其他领域，比如职业教育领域、工程教育领域以及中小学教育领域。

反观项目化学习的发展史，医学院这个发源地引发了笔者的思考。为什么是医学院？于是我们将医师与教师进行了比较，发现了其职业特点的一些相似之处。

首先，是学以致用的能力。一名好的医生仅仅能够通过医师资格考试、能背出所有概念是绝对不够的，还需要具备灵活应用的能力。那么，作为教师在上课时是否能将教学目标指向应用？

其次，病患千人千面，病情各不相同。医生如何能够了解病情？这就需要拥有一流的交流能力、准确的决断能力，从而准确地获取信息、分析判断，制定出有依据的、合理的治疗方案。回顾我们的教学，虽然因材施教的主张早已提出，但是我们的达成率有多少？我们的学生是否更像流水线上的标准件，而不是个性十足的艺术品？

再次，在医疗这个行业中，新病种、新技术乃至新药品不断出现，知识的更新促使每位医生不断学习。那么对照教师这个群体，面对来自不同家庭背景、性格迥异、思想不同的学生，我们该如何应对，因材施教的需求同样促使我们不断学习教育学生的方法。

最后，医学隶属于社会科学，治病仅仅依靠冷冰冰的技术是不够的。而我们的教学，除了把学生当作“学生”，还要时时刻刻记得关注他们背后那个大写的“人”字，还要关注他们十年、二十年后的素养需求。

二、为什么要实施项目化学习

当前的课堂学习主要面临以下困境：

1. 虚假学习

我们的学生看上去在学习，但提不出自己的问题，缺乏学习的主动性；他们猜测教师要的是什么，他们配合教师的教学，但不知自己所学为何。

2. 机械学习

学生学了，考了，然后忘了；他们在学习中关注的只有成绩，对与考试无关的内容毫无兴趣，很少思考知识的应用与相互联系，很少进行元认知式的策略性学习，所学知识在新情境中难以迁移应用。

3. 竞争性的学习

他们认为学习成绩是第一位的，同伴的学习与自己无关，自己与同伴之间就是一场你赢我输的竞赛。他们鲜有机会体会团队合作，在课堂中的合作并未能展现出良好的社会性技能，更缺少深度的对话与讨论。

学习变成了一件与自我、与他人的发展毫无关系的事情。当外部的控制、压力消失后，学生就失去了学习动力、创造性地思考及解决问题的能力，而这恰恰就是素养的核心所在。

那么，如何通过课程促进学生的核心素养得以发展？此时，项目化学习便顺应而生。

三、如何实施项目化学习

在多次的思考与尝试后，我们逐渐摸索出在课程和教学中转化素养的三条路径：

1. 投一枚“石子”，激荡

项目化学习要提出一个具有现实意义、又能引起学习者兴趣的问题。这个问题不仅需要让学生有代入感，还需要学生进行开放式的回答，同时能够引发高阶思考。

在教学开始之前，教师就要了解学生对问题的已有概念，这样教师就可以了解学生对问题的理解程度，继而开展有针对性的教学。比如，同样是将项目化学习应用到自然教育中，有些项目化学习的项目是这样设置的：让学生在校园中观察花坛中的植物，根据观察绘制成植物日记。这是一个基于问题的学习，通过比较灵活的模式，激发学生的兴趣及主动性，帮助他们记住知识点。

在项目化学习中我们设置了这样一个任务：在校园里寻找蝴蝶并且画出来。有意思的是，学生在校园里根本找不到蝴蝶，因为校园里压根儿没有蝴蝶。也就是说，学生是找不到蝴蝶的，更谈不上画出蝴蝶来。那么，为什么校园里找不到蝴蝶呢？这就是一个很棒的问题。从横向来说，原因可以是多重的。譬如校园的园丁只种植了不吸引蝴蝶的植物；也可能是校园里有一些捕捉蝴蝶的动物；还有可能其他昆虫已经完成了传播花粉的任务；更有可能的是，这些多方面的原因发生了交互作用，导致校园里根本找不到蝴蝶。从纵向来看，我们还可以继续追问：为什么学校只选择种植这些植物？会不会是吸引蝴蝶的植物开花较晚，被管理者们误当作是杂草派人清理了，所以蝴蝶就不来了……那么，蝴蝶不来，会给这个校园的植物带来什么坏处吗？……

由此可见，设置一个好的问题是成功实施项目化学习的第一步。好问题可以为学习者提供广阔的、多向度的探索空间，既可以激发学习者的内在学习动力，又能提纲契领地引导自我探究、持续思考的方向。这些问题将有助于学生形成核心素养中提到的批判性思维。教育者的作用是往水塘里扔一枚“石子”，“石子”扔得到位，学习者就开始追问一个个的问题——激发一串串的思考。这是基础，其后才是在学生的自我探究过程中，给予持续的协助和支持，使教育价值得以提升。

2. 调一杯“鸡尾酒”，融合

哈佛大学的珀金斯教授在《为未知而教，为未来而学》一书中曾举过一个例子，这个例子更有意思，也更具反思价值。作者讲到，一位教师组织学生用编舞的方式来掌握细胞的“有丝分裂”。学生从有丝分裂的各步骤中提取线索，自己来编舞，用舞蹈动作来表现枯燥的生物概念。这看起来似乎是一种教学实践的创新，也的确可以帮助学生记忆和理解有丝分裂的概念，但却没有解决一个根本性的问题：学习有丝分裂与学生的未来生活有什么联系？假设有丝分裂的概念对学生真的有意义，那么这个活动除有助于记忆外，是怎样协助他们学以致用的呢？显然，这位教师用心设计了课程，想帮助学生上好课，但这位老师设计的只是一个“记忆的脚手架”，而非“思考的脚手架”。

无独有偶，我的一位同行在教学“上夜班的动物”一项目时，也采用戏剧表演的方式来介绍夜行动物。看起来有趣，但从帮助理解的角度和参与度方面来看，都缺乏教学价值。在项目化学习中，我们将此任务设计变更为：作为一个未来的动物学家，请你为指定地域设计一种夜行动物。要画出这种动物及它的栖息地，并为它命名。这是一个非常开放性的研究主题，答案也没有对错之分。由这个问题触发的学习过程，就是真正在锻炼学生拥有“变形金刚”（即迁移）的能力。学生除了给自己的夜行动物设计形象，还需要以动物学家的身份制作一张“夜行通行证”，在上面介绍这种动物的夜行原因与“装备”等，向他人汇报这一重大发现。而这个过程，又进一步细化了重要的学习能力——“重新定义”。它不是异想天开、胡乱猜测，而是建立假设、寻找相关证据来支撑概念，并给予综合说明。在评价量规的辅助下，学生经历了“探寻、了解、内化、产出”的深度学习，同时，在思维方式、工作运用方面获得发展，创造性、问题解决能力、决策能力及信息处理能力得以提升。整个教学过程中，信息式模块、结构式模块以及转化式模块齐全，并且融合为一个整体，这就是一杯漂亮可口的项目化学习的“鸡尾酒”。

3. 开一扇窗子，放飞

教学是为了学生核心素养的提升与发展。就像《最有可能成功》这部纪录片里的那位校长所说，在漫长的学校生涯中，如果从未给予学生决策的机会，也没有培养他们独立解决问题的能力，却期待他们一毕业就在工作中接手大项目、解决大问题，这根本是不可能的。

每个人从出生到成年，随着观察世界复杂性的能力的增加自身得到发展。如果每个阶段都能在认知和心智发展上，得到及时、适当的支持，他们的学习就会更全面而且更主动。所以，我们通过项目化学习的方式，期待为学生推开一扇窗，一扇连接现实生活的窗，实现对接并促进现象化学习。我们融合了多个学科内容的选题，颇接地气，如“外卖来了”“戏剧社空间设计”“校园导览”“动物的家”“年历之私人订制”等，学生透过这一扇扇的窗，开始了更真实而自主的学习。

在社会化学习的场景里，学习社群的规模、学习的目标、学习的进度、学习的方式……都是由学习者自己构建。在不同的学生之间，内容有可能类似，也有可能不同。随着学习的节奏和进展，小组成员忽多忽少，忽散忽聚；是否独立、是否协作、承担什么角色、如何评估进展……都是学习者自己的责任、行为与规划。通过这样的过程，培养学生学会学习的能力，感受终身学习的乐趣。项目化学习由大小不同的社群组成，不断流动着变化着。而作为教育者的我们，并非没有存在的价值。我们的角色将转化为不同学习者的支持者、学习环境的整体设计者、学习者的导师等。

四、项目化学习的成效

在项目化学习和实践探索中我们看到，通过指向大概念的学习设计以及进阶式学习成效的评价，学习者在以下方面表现突出：

1. 解决难题强化学习动机

项目化学习需要经历真实而又具有挑战性的探究与实践，是一种“学习随时发生”的历程。这是因为基于真实世界的真实问题往往都是劣构问题，这样的问题往往界限不明确，没有现成的公式、定理可用，没有例题、范文可以参考，也没有标准答案。面对这样的难题，学生势必会感到知识、能力的匮乏，继而就要根据需求不断地学习新知识、新技能，如此才能“过关斩将”“打怪升级”，向着解决问题的终极目标前进。这个过程中，学习成为一种心理需求，在此基础上伴生的学习动机是强烈的、深层的、可持续的。

2. 本质探究促进高阶思维

布卢姆的《目标分类学》中曾把思维分为六个层次，自低到高依次是记忆、理解、应用、分析、评价、创新。在应试教育中，一些老师为了应对监测，认为能够记忆、领会、运用足矣，但实际上，现在的评价更多地指向分析、综合等高水平思维。这是因为无论哪种思维都有其价值，但相对来说，高阶思维更有利于对核心知识的深度理解，但也更难以培养。在项目化学习中通过对本质性问题的探究，用高阶思维驱动低阶思维卓有成效。比如上面所说的“上夜班的动物”这个项目指向的大概念是“生物能适应环境”，传统教学活动的设计是制作“夜行通行证”，这样的制作活动需要的是领会、运用、搬运信息。而我们将学习设计为学科项目化学习，用驱动性问题——“请以动物学家的身份写一份报告，向世人介绍你新发现的一种夜行动物，说明这个夜行动物为什么会在这个环境当中有这样的‘装备’”引领学习，将动物形态与环境因素建立强关联，综合运用从复杂情境中获取的信息，在高阶思维的运用中驱动低阶思维，激活动物分类、地理环境特性、进化原理等惰性知识，从而促进了学生思维的立体发展。

3. 团队协同提升合作能力

项目化学习往往是基于团队协作的，在合作解决问题的过程中，学生会时时感受到与他人磨合、受挫及突破等心理状态的变化。学生曾在“戏剧社”项目结束回顾小组合作的历程时发表感言：“蜈蚣有那么多条腿，如果每条腿都去自己想去的方向，那么它就哪里也去不了，所以我们要学会妥协。”而现场专家在点评时说：“孩子们首先提及的不是知识，而是合作，这是更上位的情感与态度。”大多数学生是独生子女，他们像一群个性十足的小刺猬，初时，每一个都竖起自己的刺，但是由于共同的任务必须紧靠在一起，于是被刺到，于是学着改变与适应，尝试妥协，学会合作，在碰撞中磨合，继而与团队伙伴和谐共处。虽然仍有碰撞，但是已在默默调适，悄悄成长，这种真实的体验与经历是任何书籍、教程都无法替代的。

4. 多标并立变差异为资源

每个班级中都有绩优生和学弱生，这导致不同层级的学生对待学习的态度是不一样的。态度的形成与诸多因素有关，比如缺乏成就事件。在项目化学习的探索中我们发现，一些往常在班级中默默无闻的中等生和所谓的学弱生在项目化学习中反而时常有不凡的表现，令人惊喜。其原因可能是完成相对复杂的项目化学习需要解决问题的各种知识和技能，比如人际沟通、统筹、创新性思维等，而不仅仅局限于应试中的必杀技——记忆、理解等。为不同类型的学习者提供了表现才能的机会，从而使不同个体都有可能成为某一领域的高手，从而使学力差异转化为学习资源。

5. 成果展示增值学习体验

项目化学习的要素之一是对项目成果进行公开展示，这在传统的教学中常常因课时少、班额大等原因而被取消。但殊不知项目成果的呈现能够极为有效地提升学生的探究欲、参与感与成就感。正是这一过程激活了学生的日常所学，把所学嵌入到用之中使之成为一体，同时，也搭建起了学科知识与个体经验的连接，学生因学习而获得心理高峰体验，为后续的学习注入情感动力。这种主动分享引导学习者回顾自我体验、使学生体悟到成长、意识到利用所学解决问题的过程就是自我迭代的过程，学习的主体意识进一步提升，从而将更加乐于自发地投入到下一次的学习中。

我们关注核心素养，继而关注跨学科的学习素养。在理想的教育情境中，每个学习者都应该成为自己学习的设计者，学习没有规定动作、固定模式，也不能只是通过不断地阅读、刷题、按部就班地攻克知识难点来达成目标。相反，在着眼核心素养提升和终身发展时，学习者将要面对的是众多的具体的问题。面对这些问题，经过项目化学习的学生，一定会更有可能知道自己要学习什么，以及该如何学习。核心素养连接学生的当下与未来，让我们为培养学生的核心素养共同努力！

参考文献

［1］王彦明．教学价值：一种本体论的视角［J］．湖南师范大学教育科学学报，2010（1）：43-46.

［2］袁贵仁．价值学引论［M］．北京：北京师范大学出版社，1991.

［3］郝芳．教师的课堂教学价值取向探究［D］．济南：山东师范大学，2007.

［4］李森，潘光文．教学论研究的事实与价值之思［J］．西南大学学报（社会科学版），2008（6）：130-138.

［5］周贤．关于PBL教学方式，你想知道的都在这里［DB/OL］.（2017-09-04）［2017-09-04］https：//www.sohu.com/a/169447513_100928.

［6］夏雪梅．每个小孩都可以成为心智自由的学习者［DB/OL］.（2018-05-26）［2018-05-26］.http：//www.sohu.com/a/233021079_277932.

语文核心素养与大阅读特色实践活动的创建

驻马店市第二十一小学 付 欣

摘 要：课外阅读作为语文课程的一个有机组成，在实现语文课程总体目标、阶段性目标，培养学生学科核心素养等方面起着其他教学资源不可替代的作用。所谓大阅读校本课程，就是致力于构建无人不读、无时不读、无处不读、无书不读的阅读环境，提供相应的阅读策略，构建以培养学生语文核心素养、为学生终生阅读与发展奠基为目的的课程开发与实施模式。

关键词：大阅读 校本教材 校本课程 大阅读实践活动

一、大阅读特色实践活动创建的背景

中小学课程理念与教学目标经历了从注重“双基”、落实三维目标到培养学生核心素养三个重要阶段。核心素养的提出是社会发展对教育的必然要求，也是课程改革不断深化的必然结果。

新课程标准指出，课外阅读活动是阅读教学的重要组成部分。随着课程改革不断深化与教育观念不断更新，课外阅读受到了越来越多的关注与更加普遍的重视。新一轮课程改革是应时代需要，在中小学核心素养纳入课程标准的背景下开始实施的。与前几轮课程改革相比，新一轮课程改革发生了质的飞跃。课外阅读作为语文课程的一个有机组成，在实现语文课程总体目标、阶段性目标，培养学生学科核心素养等方面起着其他教学资源不可替代的作用。

在当下的教育环境中，学生仅靠语文课堂上的知识是无法满足其日益增长的文化需求的。尽管素质教育成绩斐然，但是应试教育与功利化阅读仍然存在。具体到语文阅读教学方面，其表现为：重课本知识的传授，轻课外阅读的落实；课外阅读指导不够，学生不阅读、浅阅读现象严重；课外阅读同质化，不注重阅读习惯、阅读能力、阅读兴趣等阅读素养的培养，没有将阅读转化为学生常态化的学习方式。这些是落实新课标不可回避的问题，也是语文教学必须认真研究并加以解决的问题。

小学阶段是学生海量阅读的黄金期，由于缺少阅读的氛围和必要的引导，阅读时间不足，且普遍存在阅读质量不高、效果不佳等问题，阅读面临巨大挑战。此外，教师在指导学生阅读方面随意性较强，缺少系统规划、方法指导和有效评价，对学生核心素养培养的意识不强，不能有效促进学生语文核心素养的形成。

为此，自 2010 年以来，学校组织领导班子及语文学科教师对本校学生的阅读现状和学校应该开展什么样的阅读教学展开研究与讨论。以学校名师工作室为依托，经常邀请国家级及省级教育专家来我校开展小学语文大阅读特色课程建设研讨、交流活动，经过反复研讨达成共识：没有以读写结合为主要形式的大量的语文实践，学生的语文成绩很难得到大幅度提升。大阅读特色校本课程应运而生。

所谓大阅读校本课程，就是致力于构建无人不读、无时不读、无处不读、无书不读的阅读环境，提供相应的阅读策略，构建以培养学生语文核心素养、为学生终生阅读与发展奠基为目的的课程开发与实施模式。

经过多年的探索和实践，我们走了一条具有学校特色的大阅读校本课程开发与实践之路，取得了丰硕的成果。

二、大阅读特色实践活动的开展

通过大阅读实践活动的开展有效培养学生的语文核心素养，必须解决好几个关键问题：一是阅读的质与量问题，只有积累大量文质兼美的阅读素材学生才能形成核心素养，这就涉及阅读文本与读本的选择问题，无选择地阅读有可能会适得其反；二是阅读方法与策略问题，小学生的判断能力与阅读能力还很低，要保证阅读效果必须对他们加强阅读指导，否则很难达到活动开展的预期目标；三是阅读序列化与系统化问题，小学阶段跨度比较大，不同年级段的学生读什么、怎么读，统一阅读与个性阅读怎样结合，在开展大阅读活动时都要通盘考虑；四是评价机制的建立问题，没有评价会影响学生阅读积极性的保持，不利于活动目标的达成，可能会偏离活动的方向，最终会影响活动的效果。

为解决这些问题，我们确立了活动开展的基本原则：选文与选本相结合，活动与阅读相结合，阅读与评论、习作相结合，多种评价方式相结合。

1. 以选文为主的校本教材开发与运用

为实施大阅读校本课程，我校于 2011 年开发了第一本校本教材《向着晨曦歌唱》，其中精心收录了 72 首朗朗上口，学生乐读、易记的儿歌、童谣、古诗词。迎着朝阳，让晨诵开启一天的黎明，为生命注入新的色彩；通过晨诵让师生养成“与黎明共舞”的良好阅读习惯。

2012 年，在《向着晨曦歌唱》的基础上，学校经过多次研讨、修改、扩充，开发出现在的校本教材《晨诵 · 午读 · 暮省》。本套教材共有 12 册，每个年级有上、下两册，每册编排为 16 周，每周安排 1 ～ 3 课时。教材由古诗诵读、童诗或现代诗诵读、经典古文诵读、好书推介、有感而发等几个板块组成，体现了朗诵、阅读、反思感悟三位一体的编写思路。

古诗词每学年 50 首，六年共 300 首。古诗词是中国文化的瑰宝，蕴含了博大精深的中华文化精髓，哺育着一代代华夏子孙。古诗词的意境之美、情韵之美、哲思之美令人陶醉其中。作为小学生，不但要背诵和积累一定数量的古诗词，还应能够有所领悟，并在运用中实现内化，以提高自身的文学素养和审美情趣，从而积淀为文化品质。

此外，本教材还精心选取了充满童真趣味与时代朝气的童诗和现代诗，每学年 20 首，六年共 120 首，旨在充分满足孩子的需要，拓展诗歌学习领域，陶冶高尚的道德情操，丰富文化积淀，提升文化品位，开启生命智慧。

此套教材是大阅读校本课程的主体工程，开发至今一直在应用推广，已被驿城区多所学校采用，得到师生一致好评。另外，此套教材曾获得省市级校本课程建设优秀成果奖。

2. 以语文活动为载体的校本课程开发与运用

大阅读校本课程不仅是让学生读，更重要的是让学生在阅读中学会交流、学会合作，通过多种语文活动提高核心素养，进而推动家庭和谐、社会进步，辐射全民阅读。

（1）开展低年级语文游戏教学。游戏化教学具有游戏的特征，同时兼具教育特征，其教学目标明晰，注重激发学生的学习动机，强调学生的参与性，注重创新意识、认知能力、信息素养等。我校低年级语文教师根据多年的教学实践摸索出一套系统的游戏课程，并请知名教育教学专家把关，形成一套系统的文字理论教学模板。

教师通过在课堂上的实践运用发现，游戏化教学能够有效提高语文课堂教学效果。语文游戏教学同时也成为低年级学生的入门阅读课程，成为大阅读课程的重要组成部分。

（2）制作毕业纪念册。从2014年至今我校已经印制了七期毕业纪念册，每册收集优秀学生作文20余篇，用文字记录了学生的每一次失败与成功，每一次挫折与荣耀……其内容很丰富：有幼稚可笑的趣事乐翻天，有成长中的酸甜苦辣，有父母点滴的关怀，也有对生命的感悟。虽然语言还显幼稚，虽然笔墨不够精彩，却是学生一段真实的心路历程。这里，有欢笑，有眼泪，有愤怒，有感动；这里，留下了大家儿童时纯真的记忆。

（3）创刊《七彩阳光校报》。《七彩阳光校报》自2011年创刊以来，一直给学生提供展示的平台，还让学生参与设计版面，其内容既有学生的优秀作文，又有美术、书法作品。既锻炼了学生的动手能力、审美能力，又促进了其语文综合素养不断提升。而且，《七彩阳光校报》成为我校办学理念和校园文化对外宣传的窗口，深受广大家长和教育同仁的喜爱。

3. 读、评、创相结合的大阅读实践活动

以课程标准为指导，坚持学生为本的思想，以促进学校、教师、学生发展为目的，以学生的兴趣为出发点，结合我校大阅读课程的开发与实施，确立了“以读促写，以写促读”的读写结合策略，开展了一系列读后写活动。

作为一种激励措施，我们把学生的优秀作文以班为单位整理成册，每班的作文集都有一个美丽的名字，如“听见花开的声音”“童真　起点”“缤纷童年”“雨后彩虹”“一米阳光”“春夜喜雨”“飞腾的浪花”“群芳争艳”等。

在读书的同时，我校坚持每个班级每周开展读书交流会和读书心得活动。读书心得记录了学生在读书中的点滴感悟。写读书心得的过程，也是将读书收获内化沉淀的过程。正所谓，以读促悟，以读促写。

为了展示全校学生的读书成果，学校通过组织评选，把每班优秀的读书心得汇编成册，如“五彩的记忆”“七彩童画”“淡淡的梦　轻轻地飞”“小荷才露尖尖角”“经典润泽童年”等。

继每班的作文集成功开发后，班级涌现出一批写作小能手，学校经过层层选拔把学生平时的优秀作品积累成册，就有了今天的《香樟树下》。这是我校出版的第一本学生作文集，小作者们用稚嫩的文笔记录了一串串成长的脚印，涂抹勾画的全是学生自己眼中的风景：有真情的自然流露，有梦想的美丽憧憬，有趣事的精彩回顾，有诗意的深情表述，有感悟的点滴抒发，有对校园的热情赞美……它们像一朵朵美丽的花儿，绽放在作文集这方肥沃的土地上。

香樟树是我们学校的校树，它见证着同学们成长的足迹。《香樟树下》是同学们成长的声音，是生命拔节的声音。除此之外，我校还给学生提供了更加宽广的平台，每个班级推荐 3 ～ 5 名优秀写作能手，参与华人少年作文竞赛，并把他们的作品录入《青青芳草集》一书。

4. 创新评价机制，激发学生阅读兴趣

在了解小学生的阅读兴趣和实际需求后，学校根据新课程标准的要求及每个年级段学生的认知和身心发展规律，为学生制订了读书年卡，列出相应的推荐书目供他们选择阅读。每个学段的推荐书目分为三个梯度，分别为必读书目、选读书目和提高书目。每级书目包括中外古今各种体裁的优秀作品，这种科学合理的搭配让每个学生都能从不同程度上感受到课外阅读带给他们的快乐，达到了“享受阅读，做一个快乐的读书人”的课程开发目的。

为了更好地评价学生的阅读能力，学校制定阅读星级评价体系，对学生进行阅读考级，检测内容为必背古诗词、必读书、选读书、读书笔记等。学生每完成一项，教师根据完成的质量进行评价，并按等级发放红、黄、绿星卡，激发学生的阅读兴趣，使学生的阅读习惯逐步养成，阅读热情空前高涨。

三、大阅读特色实践活动的效果与反思

遵循“管理就是激发潜能、激发活力”和“文化是行为的精神支柱”的科学理论，学校积极构建科学的评价机制，完善读书管理体系，推进书香校园文化的建设。在大阅读观的引领下，经过五年的实践和探索，我校的大阅读特色校本课程建设初见成效。学生的阅读习惯得到了较好的培养，阅读能力整体有了较大的提高。教师在教学观念上发生了较大的转变，指导学生课外阅读的能力得到了提升，教科研能力得到了发展，能不断反思、总结，积极撰写论文。我们精心选取部分教师的教学论文、心得等编辑成册，教师宝贵经验的总结、锐意探索的新见解、初探教学的感悟皆在其内。教师在完成大阅读这项工程中潜心教学研究，用心研读教材，积极实践新课程理念，相互交流，相互启迪，共同成长。

在上级主管部门主持的各项评比中，我们学校也取得了可喜的成绩。我校诵读社团学生参加了毛泽东诗词朗诵大赛并获一等奖，我校师生共同参与了清风廉韵诗歌朗诵大赛并获一等奖。

“大阅读在行动”活动作为成功经验在全市观察、全区推广，该课题被评为驻马店市级科研成果一等奖、河南省科研成果二等奖，此项举措让读书在驻马店市二十一小学成为一种常态。

随着大阅读校本课程的继续推进，我们将不断为学生建构更加良好的课外阅读环境，全校学生在今后的日子里，必将以书为伴，以书为友，让读书成为生命的一部分。

参考文献

［1］寿永明．课外阅读：促进学生发展的有效途径——论苏霍姆林斯基关于课外阅读指导的思想［J］．教育研究，2007（5）：79-82.

［2］邱志华．小学生阅读教学中的激励策略［J］．教书育人，2018（2）：76.

［3］朱洁如．小学语文课外阅读的规划与实施［J］．全球教育展望，2015（10）：120-128.

第四章

幼儿园篇

指向幼儿核心素养的幼儿园“双优”课程构建

新乡市育才幼儿园　陈　玲

摘　要：作为基础教育的“基础”，幼儿园应发展幼儿的哪些核心素养？怎样培养？本文对比《3—6岁儿童学习与发展指南》（本文以下简称《指南》），认识幼儿核心素养；对照两标，查缺原有课程的问题症结；对标求进，构建支撑核心素养的“双优”课程体系；优化环境，推动契合核心素养的“双优”课程变革；优化一日流程，整合培养核心素养的“双优”课程内容；强调多元多类，设计保障核心素养培育的“双优”课程评价六个方面，充分阐述了发展幼儿的核心素养就是正确地实施《指南》的观点。

关键词：核心素养　儿童学习与发展指南　“双优”课程

一、对比《指南》，认识幼儿核心素养

《中国学生发展核心素养》（本文以下简称《核心素养》）正式发布已有几年，与中小学的热议相比，《核心素养》与学前教育关系的讨论却为数不多。作为基础教育的“基础”，幼儿园应发展幼儿的哪些核心素养？怎样来培养这些素养呢？华东师范大学李季湄教授给出了明确的答复，她认为发展幼儿的核心素养就是正确地实施《指南》。仔细对比《核心素养》与《指南》，不难发现《指南》中五大领域的三十二个学习与发展目标和具体要求，涵盖在《核心素养》的三个维度、六个要素、十八个基本点中，是核心素养在幼儿阶段全面而具体的表现。

我根据《核心素养》的框架图，把《指南》各领域的三十二个目标全部分类归属到了其相应的关键点。比如，《核心素养》的文化基础维度包括人文底蕴和科学精神两大要素。人文底蕴又包括人文积淀、人文情怀和

审美情趣三个关键点。关于人文积淀，《指南》在语言领域有以下目标：认真听并能听懂常用语言，愿意讲话并能清楚地表达，具有初步的阅读理解能力，具有书面表达的愿望和初步技能。关于审美情趣，《指南》在艺术领域的目标是这样的：喜欢自然界与生活中美的事物，喜欢欣赏多种多样的艺术形式和作品，喜欢进行艺术活动并大胆表现，具有初步的艺术表现与创造能力。

再看《核心素养》与《指南》各阶段目标的对应情况，每条也都恰当归属。如，科学精神包括理性思维、批判质疑和勇于探究三个关键点。关于勇于探究，《指南》在科学领域提到，3—4 岁儿童要“经常问各种问题或好奇地摆弄物品”，4—5 岁儿童“能根据观察结果提出问题，并大胆猜测答案”，5—6 岁儿童“能经常动手动脑寻找问题的答案”，等等。

故幼儿核心素养形成与发展的过程就是《指南》有效落实的过程。《核心素养》的标准为幼教者再次指明了培养方向，明确了科学的幼教质量观，助推《指南》沿着正确的轨道一步步落实与深化。

二、对照两标，查缺原有课程的问题症结

核心素养的培养落地，关键是要基于幼儿核心素养，构建园本课程体系。《指南》提出，要创设丰富的教育环境，合理安排一日生活，最大限度地支持和满足幼儿获取经验的需要。对照《指南》及《核心素养》两个标准，审视原来幼儿园的课程设置，发现在落实核心素养方面幼儿园恰恰在这两方面存在问题。

第一个问题：环境课程花样多，功能差。幼儿园环境创设追求形式的新奇，忽视教育的内涵需求。突出表现为“四多四少”“一单一”。“四多四少”即虚假模型材料多，真实生活材料少，不利于幼儿亲身经历生活过程；高结构材料多，低结构材料少，不利于激发和保持幼儿探究的兴趣；同类材料多，不同功用材料少，不利于幼儿全面发展；无操作提示的材料多，辅助订正性材料少，不利于幼儿持续自主学习。“一单一”即幼儿交往对象年龄层次单一，同龄编班模式固定，缺乏与异龄幼儿学习、交往的机会，不利于幼儿认知、情感、社会性更好发展。

第二个问题：一日流程环节多，有效性差。幼儿园一日环节安排过多，每个环节时间短、节奏快，“赶场”式的学习和活动，影响了幼儿的积极性、自主性，实效差。同时，入园离园、进餐午休等生活环节的教育功能被忽视，教育资源被浪费。

三、对标求进，构建支撑核心素养的“双优”课程体系

深入解读《指南》和《核心素养》后，我们构建了“优化活动学习环境，优化一日生活流程”的“双优”课程体系，形成了“无处不课程、无事不课程、无时不课程”的一日生活课程观，使得课程因幼儿而“生”，教师因课程而“长”。

1. 明确“双优”课程构建原则

生活化原则，深入挖掘并发挥生活环节潜在的教育功能和蕴藏的教育机会；主体性原则，让幼儿成为教育的主体；个体性原则，尊重幼儿的个体差异；整合性原则，纵向间加强不同领域的整合，横向间加强同领域不同活动内容的整合，促进幼儿整体性发展；融合发展原则，将习惯的培养和智能的提高融入幼儿活动和学习中，使习惯的培养和智能的提高相互影响、相互促进。

2. 提出“双优”课程理念目标

将陶行知“生活教育”思想、陈鹤琴“活教育”思想、苏霍姆林斯基“个性全面和谐发展”教育思想等作为课程理念的思想支撑。最终目标是让幼儿获得“受益终身的良好习惯和较高智能”，幼儿发展的总目标及各年龄段发展目标见下表。

表 1 幼儿园发展的总目标及各年龄段发展目标

	目 标
总目标	1. 适应集体生活，养成良好的生活、学习、运动等习惯； 2. 有信任感、责任感、自尊心，会分享和合作； 3. 发展协调、感知觉、观察、操作、表现、创新等能力，有独立和探索精神

（续表）

	目　标
3—4 岁阶段目标	1. 初步建立幼儿一日生活、学习常规，养成自己的事情自己做的习惯； 2. 发展幼儿的倾听、观察、表达、操作、控制、各种感知觉等能力
4—5 岁阶段目标	1. 理解一日生活、学习常规，对自己能做的事情表现出自信； 2. 学习控制自己的情绪和行为，有初步的同情心，愿意分享； 3. 积极参与各项活动，通过尝试、模仿、探索发展各项智能
5—6 岁阶段目标	1. 养成良好的生活卫生习惯，独立自信地做力所能及的事； 2. 认识交流、协作的重要性，能察觉他人的情绪并作出合适的反应； 3. 发展聆听、观察、讨论、操作的能力，有好奇心、想象力和创造力

3. 建立“双优”课程模式

在“双优”园本课程的框架下，按照“体验与发展”的核心理念，凸显幼儿主体地位。在具体操作过程中，优化一日生活流程，科学合理安排幼儿一日生活，掌握幼儿独特的学习和发展特点，让流程适应幼儿；优化环境，给幼儿提供科学、适宜的活动及学习环境，满足、支持幼儿体验需求；幼儿在自主、积极的状态下，达成“养成习惯，提升智能”的目标。该模式还注重评价反馈，通过及时调整，进一步优化流程和环境，形成良性循环。在良性循环的“双优”课程教育模式下，幼儿健康成长，老师专业发展，幼儿园不断提升办园品质和社会影响力。

四、优化环境，推动契合核心素养的“双优”课程变革

1. 开展混龄班级模式，优化幼儿生活环境

不同年龄的群体玩伴，孩子们还是很缺乏的，在“双优”课程实践中，我们将 3—6 周岁的孩子编排在同一班级环境中共同学习、生活、游戏，不仅可以丰富幼儿情感体验，促进其社会性、自主性良好发展，而且对他们的认知发展也能起到很好的促进作用。

在这个环境中，大孩子可以充分地展示自我，学会帮助别人，学会付出爱，增强自信心和责任心；带弟弟妹妹时，因为小孩子有时不理解他们

的语言和行为，所以要不停地调整自我的表达方式和行为方式，在不停的自我调整中，脱离了以自我为中心的想法，适应能力逐渐加强；在认知方面，因为教小孩子需要学习建构自己的知识结构，自然就加深了对知识的理解和应用；为了给小孩子做好示范，大孩子会不停地督促自己作出积极的正面行为。小孩子呢，观察、模仿哥哥姐姐的行为，学得会更自然、更有效。在这样一种类似于家的氛围中，孩子们想说、愿说、敢说、喜欢共同说，语言能力、交往能力等得到了显著发展，最关键的是，孩子在这个团队中，他的角色是动态的、变化的，刚开始向别人学习，受别人照顾，到后来做小哥哥、小姐姐，去教别人、帮助别人，甚至当小老师管理团队，各方面能力都得到有效发展。所以，混龄幼儿的直接互动对其智力和思维能力的发展很有益。

2. 构建“三三三”模式，优化区域活动环境

第一个“三”，是调查了解的三个关注。关注幼儿的兴趣需求，关注幼儿的行为特点，关注幼儿的发展水平，根据幼儿的实际创设环境，设计材料。

第二个“三”，是提供材料的三个保证。保证材料的生活性，保证材料的层次性，保证材料的自主性。生活性就是要提供真实的水果蔬菜、调料碗筷、针线布料等生活用品，让幼儿亲身经历生活过程，获得知识、经验、情感、能力，并体验生活的乐趣；层次性就是提供材质各异、功能相同、难易却不同的操作材料，满足幼儿不同的发展特点和需求；自主性就是设置具有自我订正功能的材料，幼儿可以根据步骤图、提示卡等自我评判调整，自我持续学习，自己教授自己，自主构建经验。

第三个“三”，是材料呈现时的三个要求。一是要求材料在柜中呈现时摆放要秩序化，从左而右、从上而下、由简单到复杂、由具体到抽象，物有定位，放有所限；二是要求材料的数量适宜化，同一种材料不宜超过两套，这样既扩大了幼儿选择的丰富性，又可以减少幼儿间过多的无意义模仿；三是要求材料在托盘中呈现时要成套化，完成一个活动所需要的材料尽可能摆放在一个托盘中，便于幼儿取用，保证活动持续进行，避免思维间断，提高活动效率。

五、优化一日流程，整合培养核心素养的“双优”课程内容

1. 科学调整环节内容，优化并确定一日安排

经过整合、优化，“双优”一日生活流程及安排如下表。

表 2 “双优”一日生活流程及安排

时间段	活动安排	内　容
7：30 — 7：50	快乐入园	问好、换室内鞋、签到等
7：50 — 8：20	温馨早餐	餐前准备、进餐、餐后整理
8：20 — 8：40	轻松时刻	晨谈、分享、照顾室内植物等
8：40 — 9：00	状态调整	静寂游戏、倾听游戏等
9：00 — 10：00	分组活动及自由探索	教师根据幼儿发展进度，提供语言、日常、数学等课程及环境，幼儿自主选择，教师个别指导
10：00 — 11：10	户外活动	器械操、体育游戏等
11：10 — 12：00	美味午餐	如厕、洗手、餐前准备、进餐、餐后整理
12：00 — 12：20	户外活动	散步、日光浴等
12：20 — 14：20	甜蜜午休	铺床、脱叠衣物、午休
14：20 — 15：00	音乐唤醒	睡后整理、吃点心、点心后整理
15：00 — 15：15	状态调整	苏醒韵律，唤醒幼儿情绪活动；线上音乐舞蹈活动
15：15 — 16：00	分组活动及自主体验	教师根据幼儿发展进度，提供音乐、美术、自然科学、社会科学的课程及环境，幼儿自主选择，教师个别指导
16：00 — 16：30	户外活动	小种植、游园式运动等
16：30 — 16：50	分享探讨	回忆、交流一天生活
16：50 — 17：10	关爱环境	整理室内教具及环境
17：10 — 17：30	欢乐离园	换鞋、穿外衣、道别、离园

2. 局部突破，深挖每个环节的课程内容

科学、合理安排一日环节的同时，我们对每个环节的课程内容都进行

了深挖外延，充分挖掘其教育价值，分别是“优化幼儿入园、离园活动的实践研究”“参与式进餐、午休的优化实践研究”“区域活动前幼儿最佳心理状态调整的实践研究”“区域活动中幼儿自主性发展的多维解读与指导”“优化生活区，促进幼儿习惯、智能融合发展的研究”“社会区活动优化的实践研究”“自然角在幼儿科学教育中价值的实验研究”“开放式美术区活动的实践研究”“优化音乐区活动，促进幼儿习惯养成的实践研究”“优化幼儿数学学习环境，提高幼儿数学学习能力的实践研究”“幼儿园操作性语言活动区建构的研究”“幼儿园综合户外活动的实验研究”12个方面。

以入园、离园活动的优化为例，幼儿入园签到活动，由过去教师点名幼儿答到的被动模式，变为幼儿自主在自己的月份签到表上找到相应日期并盖上当天天气印章，以显示自己入园，并且每周、每月要做相应的出勤、缺勤、天气状况的统计等。此环节指向核心素养总目标的完成度分别为：从乐学善学方面，孩子们养成了善于观察、乐于关注大自然的习惯。从人文积淀方面，孩子们潜移默化地知道了一些古今中外的节日及古人创造的节气知识。从人文情怀方面，幼儿能尊重古人的智慧，能关注到天气与人类生活的关系。从理性思维方面，幼儿初步掌握了简单的统计方法、分类方法等；能尊重事实，根据实际观察做记录；认识温度计，初步掌握其使用方法；能运用科学的思维方式感受天气与衣物的增减关系等。从信息意识方面，能自觉、有效地获取和使用信息。从珍爱生命方面，能感受时间流逝，有初步的时间概念等。每天不到一分钟的签到，涵盖了多项核心素养的发展，这也正符合《指南》所强调的整合发展的原则。

六、强调多元多类，设计保障核心素养培育的“双优”课程评价

强调课程评价参与主体多元化，有幼儿自己、教师、家长、同伴等；建立多种类评价幼儿项目，全方位、多角度对课程及幼儿进行评价，突出评价的过程性、表现性、真实性和发展性，其中包括每日观察记录表、综合观察记录表、重点观察记录表，每周成长记录册、个人课程进度记录册、个人综合发展记录册、自主发展检核表等多种观察评价记录。对幼儿一日

活动的状态、表现进行认真观察，并详细记录、分析、反馈。如下区域活动中幼儿自主性发展日常检核表。

表3 区域活动中幼儿自主性发展日常检核表

<table>
<tr><th colspan="4">自我依靠</th><th colspan="3">自我控制</th><th colspan="3">自我主张</th></tr>
<tr><td rowspan="4">活动过程</td><td rowspan="4">上进心</td><td rowspan="4">对待难题</td><td>等待或求助别人解决自己的难题</td><td rowspan="4" colspan="3"></td><td rowspan="4" colspan="3"></td></tr>
<tr><td>自己尝试解决</td></tr>
<tr><td>不放弃探索</td></tr>
<tr><td>敢于接受新内容，进行有难度的活动</td></tr>
<tr><td rowspan="8">活动结束</td><td rowspan="4">主动性</td><td rowspan="4">收放材料</td><td>完全依靠别人替自己收放材料</td><td rowspan="4">坚持性</td><td rowspan="4">是否完成活动</td><td>未到结束时间，未完成就收</td><td rowspan="4">主体性</td><td rowspan="4">结束工作时的跟随性</td><td>自己活动正进行，同伴让结束便结束</td></tr>
<tr><td>在帮助提醒下，收放自己所用材料</td><td>未完成，结束时间一到马上收</td><td>看别人结束活动，自己也很快结束</td></tr>
<tr><td>独立收放材料，但不够整齐有序</td><td>结束时间一到，随便做完赶快收</td><td>听到结束提示，再做几下立即结束</td></tr>
<tr><td>独立整齐收放材料，还帮别人整理</td><td>结束时间到，坚持正确做完再收</td><td>不受干扰，坚持做完</td></tr>
<tr><td rowspan="4" colspan="3"></td><td rowspan="4">延迟满足</td><td rowspan="4">分享</td><td>迫不及待要分享，趁人不注意动一下</td><td rowspan="4" colspan="3"></td></tr>
<tr><td>忍耐不住，不停催问何时分享</td></tr>
<tr><td>不时远观分享作品</td></tr>
<tr><td>平静地等待分享</td></tr>
</table>

（续表）

自我依靠				自我控制			自我主张		
活动评价	主动性	参与评价的态度	不参与评价讨论	自制力	倾听表现	一刻也坐不住，听不进别人的讲话	独创性	为了以后玩得更好，我们还应该做些什么	跟随性地表达、附和
			被动参与评价			能短时间安静倾听			有一些一般的想法
			愿意参与，能简单表达一些体会			基本做到安静倾听，偶尔有目光游离现象			有一些新想法
			主动表达自己的见解，详细地、有顺序地描述自己活动过程			始终处于积极倾听状态			出谋划策，有很好的新想法
	判断力	评价自己的活动状况	不能正确评价自己的行为与活动结果				主体性	活动期望	不知道自己下次想做什么，无所谓
			能对自己的一些印象深的活动简单评价						有一点自己的想法和目标
			能对自己的一些表现较为正确地评价						明确地说出自己下次具体要做什么
			能正确评价自己各个方面的表现						预想的下次活动内容和目标非常有挑战性，并非常期待
解读评价：　／40				解读评价：　／30			解读评价：　／30		

幼儿核心素养的形成与发展的契机存在于幼儿园一日生活的所有环节中，所以对于每天生活中的小事情，只要我们用心去对待，心怀核心素养的明确目标，用爱和孩子积极互动，就能做出有效的教育来。

参考文献

[1] 林崇德．构建中国化的学生发展核心素养[J]．北京师范大学学报（社会科学版），2017（1）：66-73.

[2] 中华人民共和国教育部．3—6 岁儿童学习与发展指南[M]．北京：首都师范大学出版社，2012.

区域活动中促进幼儿探究性学习的实践研究

安阳市实验幼儿园　何红艳

摘　要：本研究以建构主义学习理论、多元智能理论等为依据，在借鉴国内外探究性学习研究成果的基础上，依托园所实践经验，采用观察法、调查法对安阳市实验幼儿园幼儿在区域活动中的探究性学习进行研究，探讨了区域活动中幼儿探究性学习行为的特点，并从材料投放、教师指导和家长参与三个方面为促进幼儿探究性学习提供了策略和方法。

关键词：区域活动　探究性学习

一、研究问题的提出

1. 问题提出的背景

（1）《3—6 儿童学习与发展指南》（本文以下简称《指南》）和学前教育课程改革需要。《指南》中指出幼儿园教育应“理解幼儿的学习方式和特点。幼儿的学习是以直接经验为基础，在游戏和日常生活中进行的。要珍视游戏和生活的独特价值，创设丰富的教育环境，合理安排一日生活，最大限度地支持和满足幼儿通过直接感知、实际操作和亲身体验获取经验的需要……”。随着《指南》的颁布与实施，课程改革所带来的学习方式变化已经越来越明显，学习方式的改变在提升和发挥幼儿的能动性、创造性等方面的作用和内涵也受到更多重视。

（2）重视幼儿核心素养发展背景下的探索新方向。核心素养在 20 世纪末被正式提出，并逐渐被纳入教育改革和课程改革中。2016 年我国形成了《中国学生发展核心素养》这一初步成果。幼儿核心素养的培育对其终身发展有着非常重要的意义。幼儿园的区域活动能将五大领域的教学更好地融合和深入，从而达到促进幼儿知识、技能、情感、态度、能力等核心素养的目标，是值得进一步研究探索的方向。

（3）区域活动的作用和地位逐渐被重视。自《幼儿园教育指导纲要》颁布以来，幼儿教育已从集体教学为主的“讲授型课堂”禁锢中走出，开始进入更加开放和自由的游戏化、生活化课程模式。这种开放既包括理念上的开放，也包括时空、教材、教师角色等方面的变化。学前教育界人士都提倡应该尊重、承认儿童的自主学习权利和能力，并且积极地为他们创造丰富多样、开放科学的环境，随之而来的便是区域游戏在全国各地的实行与推广。

（4）探究性学习成为幼儿学习的重要方式。探究性学习活动的最早提出者是杜威，并主要运用于科学教育中，20 世纪中叶开始被更多的教育者认可和接受。现如今，人们更加认同幼儿的学习最重要的不是反复练习以掌握知识技能，而是培养幼儿解决问题的能力，做学习的主人，从而获得个性全面和谐发展。探究性学习的方式开始被广泛运用于学龄前儿童五大领域课堂的教学设计及日常的游戏中。

（5）区域活动和探究性学习的联系。区域活动所提倡的自由选择、亲自动手、自主游戏等体现幼儿主体性与主动性的特点，与探究性学习所培养的提出质疑、发现问题、分析讨论、解决问题、表达与交流等能力联系密切。在区域活动过程中，幼儿最容易出现探究性行为，探究性行为的发展和能力提升的同时又能使幼儿游戏水平进一步提高。

2. 研究综述

（1）概念界定。区域活动是幼儿一种重要的自主活动形式。它是以快乐和满足为目的，以操作、摆弄为途径的自主性学习活动。探究性学习是指学生在学科领域内或现实生活情境中选取某个问题作为突破点，通过提出质疑、发现问题、调查研究、分析研讨、解决问题、表达与交流等探究学习活动，获得知识，激发情趣，掌握程序与方法。

（2）理论依据。从建构主义理论的观点来看，幼儿的学习是一个主动探索的过程，学习离不开特定环境的支持，幼儿是在互动和合作的过程中完成学习的。在区域活动中，幼儿可以通过与环境、材料、同伴等因素的互动，来完成知识的自我建构和学习经验的升级。从加德纳的多元智能理论分析，儿童的智能应该是多元化的，每个孩子都具有多种智能，教育者应该优化学习环境、丰富学习内容，让幼儿真正发现自己的兴趣和能力所在，并在逐渐探索中形成和确定自己的智能特点。儿童的个性化发展需要有差异、有层次的环境与材料，在区域活动中，儿童更容易进行主动探究和个别化学习，并需要教师的情感和策略支持，这就为本研究具体内容的确定进一步打开了思路。

3. 研究内容

（1）研究幼儿在各个区域活动中如何探究性学习并积累典型案例，从而进一步推广、逐步完善区域活动的组织与实施。

（2）研究如何有效提升教师在幼儿探究学习的理论层次和实践水平，真正成为幼儿探究性学习的支持者、引导者、合作者。

二、研究设计

1. 研究目的

（1）要让幼儿在区域游戏中爱上探究、喜欢学习，并掌握一定的学习和探究方法，为终身发展奠定基础。

（2）支持幼儿在区域活动中的亲自操作、自主选择、主动探究、自由表达与表现，鼓励探究性学习行为的出现和发展。

2. 研究对象

前期主要是研究安阳市实验幼儿园大、中、小班的幼儿，后期涉及北关区博书园的部分班级幼儿。

3. 研究方法

（1）观察记录法。选用事件取样的方法进行观察并记录。在幼儿自然状态下，教师不间断地观察幼儿在区域活动中的行为，并详细记录幼儿的探究性行为的发生原因、发生过程、结束形式等。随后教师制定相应的幼儿探究性学习指导策略，进行干预和反馈。

（2）调查研究法。课题组成员选择和设计问卷，分别在研究的初期、中期、后期发放调查问卷，调查对比幼儿参与区角活动在情绪上、行为上、交往上等不同方面的变化，评价幼儿探究性学习行为的发展水平；调查家长对幼儿参与区角活动的态度、建议等。

（3）实验法。运用科学实验的原理和方法进行教育研究。制作幼儿探究性学习观察评价表。实验班和对照班前测差异不显著，经过两个月后再进行测试，并对统计结果进行分析和比较。

4. 研究步骤

本研究主要分为两个大的阶段：第一阶段研究侧重分析幼儿在区域活动中探究性行为的现状和特点，寻找教师在设计、指导区域活动时支持幼儿探究性行为发展的途径；第二阶段是在前期研究结果的基础上，进一步细化研究重点区域，采用一系列的干预手段来提高幼儿在区域活动中探究性行为的水平，并对干预结果的有效性进行评估。

三、研究结果

1. 第一阶段研究结果

本研究前期在安阳市实验幼儿园的小、中、大三个年龄阶段同时开展，用了两个月的时间投放材料和收集资料，记录幼儿探究性学习行为个案和教育活动案例并整理和分析。

（1）研究过程中编写区域活动自制操作材料作品集、区域活动探究性学习个案图文记录表，整理区域活动情境创设图片集锦。

（2）收集优秀教育活动案例并进行分析、解读、研究，形成有效的指导策略和侧重点。

（3）整理出了各年龄阶段幼儿探究性学习行为案例频次表（如下表1），确定重点区域。

表1 各年龄阶段幼儿探究性学习行为案例频次表

班级	美工区	阅读区	建构区	科学区	角色区	总计
小班	8	1	3	1	2	15
中班	7	4	12	7	2	32
大班	7	6	9	14	5	41

2. 第二阶段研究结果

本研究中总园为实验组、博书园为对照组，在两个园所的各年龄阶段，分别选择三个班级进行研究。从材料投放、教师指导和家长参与三个方面采用策略，并设计评价量表来对幼儿的探究性行为发展水平进行评价，从得分情况来比较实验组和对照组之间是否存在显著差异。

根据大、中、小班幼儿在自主选择、主动探究、同伴合作、大胆创作四个维度的得分结果，使用 spss 数据统计分析软件进行分析发现实验组和对照组在多个维度上存在显著差异，整体分析得出以下结果。

（1）在大班幼儿各项观察内容中，实验组幼儿的自主、研究、合作、创新等能力明显高于普通组幼儿的能力，普通组幼儿趋于中等水平。

（2）相对于中班和小班，大班幼儿的探究能力发展水平更好，特别是在合作和创造方面的优势更加明显。

（3）中班幼儿之间的探究性学习水平比较均衡。小班幼儿的差距较大，有突出表现的孩子，也有各方面能力较差的孩子，小班幼儿创造性并不明显，但有一定的自主意识，合作能力逐渐加强。

（4）通过合理的材料投放、有效的教师指导和巧妙的家长参与，可以促进幼儿在区域活动中探究性学习行为的发展水平的提高。

四、结论讨论

1. 合理地投放区域材料可以促进幼儿探究性学习行为的产生和发展

（1）充分发挥低结构材料的优势，结合主题投放可再利用自然材料。原始的材料一般很简洁，不会有规定的玩法，也就留下了更广阔的发挥余地和想象空间，能够激发幼儿根据自己的想法去完成。例如，本研究中班建构区重点投放了丰富的低结构材料，如卷纸芯、空心塑料管、透明软管、绳子、各种形状的纸盒、瓶子等，鼓励幼儿大胆想象，尝试绘制建筑设计图，并根据活动主题引导幼儿自由选择适宜材料进行搭建。

（2）材料的投放要分阶段、分层次，逐步引导幼儿探究活动的深入。在整理本研究收集的探究性学习案例的过程中发现，一次性投放太多种材料反而会阻碍幼儿探究的深入。幼儿面对五花八门的材料，注意力过于分散，无法集中进行探究和创造。材料的投放最好是分阶段进行，并且具有一定的层次性，这样才能够支持幼儿进行持久的、深入的探索。

（3）材料的投放要考虑到游戏的完整性，用材料来引导探究行为持续进行。材料的投放如果不成体系，幼儿在探究过程中缺少了补给和支持，其探究性行为就很有可能中断。反之，投放一系列的完整材料可以帮助幼儿更顺利地完成探究性学习，关键材料还能激发孩子的创造力。

（4）在材料的操作上，鼓励幼儿自由探索。幼儿在探索中发现问题、解决问题，从而能够有所收获，增强了幼儿活动的积极性和自主性，增强了幼儿的自信心。在材料不足时，提醒幼儿自己去思考还需要什么材料，从哪里可以得到，或者可以用怎样的材料来代替，引导他们积极思考和大胆探索。

2. 教师指导角色的确定可以助力幼儿探究性学习

（1）教师应支持幼儿作为探究性学习的主体地位。幼儿的主体地位不可动摇，并不意味教师就应完全放手任幼儿自由游戏，正确的指导可以有效支持幼儿在游戏中进行探究性学习。教师通过和幼儿共同设计、提供幼儿感兴趣的操作材料，让幼儿在与他人、环境的互动中主动收获知识、得到发展。从区域游戏的环境创设和材料准备环节开始，教师就应该和幼儿一起来商量和布置，在游戏过程中关注幼儿兴趣的变化和游戏的需要，及时进行必要的指导和点拨。

（2）教师应成为幼儿探究性学习的观察者、陪伴者和引导者。在区域活动的探究性学习中，教师的观察是参与指导的前提和重要依据，关注幼儿在游戏中的需要和突破，及时发现幼儿的困惑和情绪变化，并以适当的方式及时回应，形成良好的师幼合作与互动。

（3）教师应成为睿智的评价者，支持幼儿在区域活动中探究学习能力的全面发展。本研究采用“档案袋评价法”对幼儿的区域活动进行评价，取得了不错的效果。但是也存在很多问题，比如时间效率、教师工作量等，要记录下每个幼儿的特点确实比较困难，只能是片段化的、以作品为主的呈现。应该结合多种形式来评价幼儿，例如同伴之间的互评、家长的参与等，创新评价形式，看到儿童探究性学习中个性化的发展和成果。

3. 家长参与是区域活动中发展幼儿探究性学习的有效新思路

家园合作已是当前学前教育发展的重要趋势，本研究中创新家园合作载体，有效利用家长资源，充分发挥家长在推动区域游戏中幼儿探究性学习的作用，为幼儿进行探究性学习提供更加多元化的材料和全新的互动形式，该尝试取得了不错的效果。这为支持幼儿区域活动和探究性学习行为打开了新思路，下一步研究更加明确家长发挥的作用和扮演的角色，争取获得家长更加积极主动的配合，家园形成教育合力，共同促进幼儿的发展。

五、思考和建议

1. 加强重视区域活动中幼儿探究性学习行为的评价

区域活动中幼儿的探究性学习除了需要材料支持和过程指导，还应注重成果的评价。探究性学习成果是多元的，因此也需要用多样的方式去评价，简单的评价方式不足以反映幼儿多方面发展和活动过程的丰富，下一步研究应更关注如何进行分享和评价。

2. 加强对教师队伍的培训，提高教研活动的质量

研究发现，教师指导区域活动的水平直接影响到幼儿探究性学习行为的出现和深入进行。因此，应通过教研组活动向广大教师展示研究过程中总结的心得体会和好的教学经验。例如，以专题研讨的方式研究发现，汇报的同时倾听其他人对这一专题的见解，通过分享、互动，共同提高。开展研究成果介绍会，详细介绍已取得的具体成效，如区域活动中引发幼儿更多的探索行为需要充分挖掘自然材料、废旧材料等低结构材料的教育价值等。除此之外，幼儿园还可以以现场教育教学观摩形式展示、评比区域活动，以此促进教师专业化成长。

参考文献

[1] 胡睿 . 幼儿园区域活动中促进幼儿探究性学习的策略研究 [D] . 云南：云南师范大学，2013.

[2]杜林兰.试析幼儿探究性学习环境的创设[J].新课程(下),2012(02):128-129.

[3]史孚.幼儿园探究性学习活动及其指导策略研究[D].吉林：东北师范大学，2007.

[4]李红仙.幼儿探究性学习活动中教师的角色定位[J].课程教材教学研究(幼教研究)，2009(2)：43-44.

[5]邵瑜，祝晓敏.探讨区域活动指导策略促进幼儿主体性发展[J].山东教育，2011(Z3)：37-39.

[6]陈亚玲，赵莲花.区域活动材料选择与投放过程中出现的问题及策略研究[J].中国教育技术装备，2012(19)：4-6.

从核心经验到核心素养

——在学前教育阶段初尝践行核心素养的思考

郑州市第二实验幼儿园　石　吟

摘　要：办园理念是一所幼儿园的灵魂，园本课程是实施教育目标的重要抓手。郑州市第二实验幼儿园根据园所自身特点形成了独具特色的“漫教育”理念，并在“漫教育”理念引领下，开发出园本课程“趣课程”，还形成了具有园本特色的“自主体验式”教学模式。在教育教学中，教师遵循幼儿的发展规律，引导幼儿运用体验式学习方式架构自己的核心经验，支持孩子成为悦玩、悦爱、悦言、悦思、悦创的“悦宝贝”。

关键词：核心经验　核心素养　体验　共情陪伴

伴随着聚焦“中国学生发展核心素养体系”的研究和实践，聚焦学生核心素养的讨论、研究、实践也随即展开，成为教育领域的一个焦点，作为幼儿园阶段的教师，我们也在探索和思考幼儿园阶段与“中国学生发展核心素养体系”的关系及我们如何落地实施核心素养的学期段目标。

一、幼儿阶段的学习核心——体验

为深入贯彻《国家中长期教育改革和发展规划纲要（2010—2020 年）》和《国务院关于当前发展学前教育的若干意见》（国发〔2010〕41 号），指导幼儿园和家庭实施科学的保育和教育，促进幼儿身心全面和谐发展，2012 年 10 月教育部正式颁布《3—6 岁儿童学习与发展指南》（本文以下简称《指南》），对防止和克服学前教育“小学化”现象提供了具体方法和建议。《指南》作为幼儿园阶段的纲领和方向，明确了我们在幼儿阶段要做什么、怎么做，以及呈现的状态和儿童成长的样子，这些表述我们逐条进行对比，发现它和我园提倡的核心素养理念是吻合的，都指向幼儿的发展，是殊途同归的。

幼儿园的教育内容是全面的、启蒙性的，可以相对划分为健康、语言、社会、科学、艺术五个领域，各领域的内容相互渗透，从不同的角度促进儿童情感、态度、能力、知识、技能等方面的发展。《指南》明确了3—6儿童语言发展方面目标，如，3—4岁的孩子愿意在熟悉的人面前说话，4—5岁的孩子喜欢与他人交流，并表达自己的想法。随着交往范围的慢慢扩大，语言中呈现自主思考的部分也随之增加。同样，在社会领域中，3—4岁的孩子应该有的一种能力，就是在成人的指导下，不争抢、不独霸玩具，对大家喜欢的东西能够分享。如果不希望孩子跟其他小朋友抢玩具，那就要教给孩子与他人相处的方法。一种方法：能不能你先玩，我再玩呢？这就是轮流。另一种方法：这有一筐玩具，我们一起玩好吗？只有当问题得到孩子的认可和解决时才不会有争执。《指南》运用具体、细致、精准的描述指导我们和不同年龄的孩子互动，同时也促使我们更加科学地认知幼儿，了解他们的学习与成长规律，这都能为幼儿期孩子的健康成长保驾护航。

幼儿教育是基础教育的基础，其对一个人一生的成长发展发挥了极其重要的作用。人的发展是一种量变与质变的同频变化，所以，在幼儿教育中，我们既需要关注和促进儿童身体与认知等外显生长的量变，更要关注其心理与能力等内在成熟的质变。

“漫教育”理念下的幼儿园教与学，并不是传统概念中教师单纯地进行知识讲解传授、幼儿接纳的过程，而是强调教师支持和引导，强调幼儿自主体验、自主学习，强调让幼儿园教学成为滋养儿童成长的肥沃土壤。所以，在实际课程实施、教学实践中，一方面，我们需要建立幼儿园课程的新视角，从原来的以学科知识为中心转向以儿童为中心；另一方面，我们需要倡导幼儿园教学的新立场，需要努力将幼儿园教学的立场从原来的成人立场转向儿童立场。

经过两年多的探索与实践，我园“漫教育”理念已渗透幼儿园的方方面面：“漫爱”式的园所环境和氛围，“漫玩”型的自主体验系列趣课程，“漫生活”感的园所文化……这一切不仅为全体教师和家长熟知、认同和喜爱，也得到了大批前来参观考察的幼教同仁的认可，并引发大家的思考和学习。

在“漫教育”理念引领下，我园不断对“趣课程”进行修订和丰富，在尊重幼儿、遵循幼儿发展规律的前提下，为幼儿创设有趣的环境、活动和游戏，引导幼儿运用体验式学习方式架构自己的核心经验，支持孩子成为悦玩、悦爱、悦言、悦思、悦创的“悦宝贝”。

探索科学、适宜的教育，促进每一个孩子在原有水平基础上不断发展，这是我园的教育常态。我们会从管理、制度、课程、评价等多方面促使教育常态化。我们会把眼光放远，认真探索和开展“漫教育”，打造和实施“趣课程”，为孩子们一生发展提供最好的基础，引导孩子们在自主体验中学习，在体验中成为最好的自己。

二、幼儿获得经验的主阵地——生活

1. 幼儿在真实的生活中成长

幼儿眼中的幼儿园并不是模拟的小社会，而是现实的、当下的、属于他们自己的真实生活场所。尊重幼儿的成长就应该为孩子营造一个真实的、自然的、属于他们的生活场所。

“走近幼儿，理解幼儿，就必须从幼儿自然的生活样态出发。这是每个幼教工作者都必须明确的问题，也是难以做到的事情。”这是日本学者高杉自子发出的感慨。孩子需要成人给他创设自我表现的机会和有组织地开展活动的生活场，幼儿园就是这样一个生活场，一个可以将幼儿自己的生活原生态地、丰富地、快乐地延展下去的地方。孩子可以在自然的生活中，通过生活体验主动探究，提升自己的生活经验。

为了给孩子营造一个自然舒适的环境，我们充分利用幼儿园角角落落给孩子提供亲近大自然的机会，让孩子与大自然中的花草、泥土、沙石、水进行亲密接触，在其中自由嬉戏，让孩子在这样真实的、朴素的环境中感受自然、倾听自然、感受生命、关注生命。

2. 创设适宜环境，让孩子感受到家的氛围

《幼儿园教育指导纲要（试行）》指出：“环境是重要的教育资源，

应通过环境的创设和利用，有效地促进幼儿的发展。”对于刚入园的小朋友来说，幼儿园的一切都是陌生的，可通过环境的创设，减少幼儿来园的分离焦虑。为此，老师们做了很多努力：把班级的区域设置成开放式的，孩子们可以投入地做着自己喜欢的事情，既可以抱着玩具在沙发上看书，也可以和小伙伴到“娃娃家”玩耍、去做一顿美味的餐点。区域内还设有儿童开关、电动窗帘，孩子可以根据需要自行开关电灯及电动窗帘，这样温馨、自由、安全的家庭式环境，有效缓解了初入园孩子的分离焦虑，让孩子们能够更快地适应幼儿园生活，感受家一样的氛围。

家庭式环境的创设，真实的生活情境满足了孩子对家庭的依赖感，满足了他们模仿大人的欲望，在此过程中孩子们自主、自觉地提高了生活自理能力和交往能力，养成了健康的生活习惯。班级环境家庭化，将家庭生活与幼儿园生活自然过渡，让初入幼儿园的孩子实现家园之间的正向转换。

三、核心素养在园本课程中是发挥张力的

玩是孩子的天性，但如何陪孩子玩，玩什么，怎么玩？是我们永远要探究的话题，光是研究玩就足以让我们用一生去探寻。所有的梦想都要靠人来实现，没有高素质的人才，梦想就很难实想。所以，提高幼教教师的职业素养是我们走向专业育儿的必由之路，也是影响我们实现教育目标的决定因素。我们坚决反对急功近利，教育既然是一个灵魂唤起的过程，我们就必须做到两点：一是尊重孩子的成长规律，不可逆势，即小步走路；二是不催促孩子的成长，静待花开，但绝不是“守株待兔”。这就是我们倡导的教学精神。在这个喧嚣的世界让心安静下来很重要，因为只有平和的情绪、稳定的状态才能培养出有“贵族气质的孩子”。这种贵族气质不是霸气、豪气，而是内敛谦虚的贵气。我们都认同播种一种行为，你会收获一种习惯；播种一种习惯，你会收获一种性格；播种一种性格，你会收获一种命运。我们都希望孩子一生好运，但这份好运就源于孩子有一个好性格，悦己悦人的“悦宝贝”就是我们的培养目标。

在“漫教育”体系下，我们架构了“趣课程”。“趣课程”是以情绪为主线，遵循“幼儿园一日生活皆课程”的原则，涵盖五大领域教育活动

和培养目标，运用三种组织形式：集体活动、走班活动和混龄活动，来实现幼儿学习品质的塑造和提升。

“趣课程”由共性课程和个性课程两部分组成。共性课程包括一日生活乐趣课程、主题体验童趣课程、户外混龄野趣课程，其中，一日生活乐趣课程对应生活课程，主题体验童趣课程对应学习课程，户外混龄野趣课程对应运动课程。

一日生活乐趣课程即挖掘一日活动中各环节资源，为孩子创设自主的环境，培养幼儿养成良好的生活习惯，让他们在进行自我服务的过程中，提高自我服务的能力，从而促进自我管理能力的提升。主题体验童趣课程即教师与幼儿一起在亲历中体验，在体验中成长。课程注重个体体验，在活动中引导幼儿充分参与，在教师的指导下，共同交流、分享、提升、认识，即先做后学，先行后知。户外混龄野趣课程即在尝试运用多种器械进行游戏中，了解器械特征，感受并探索多种玩法，增强幼儿的安全意识和自我保护能力。在自主活动中学习与不同年龄伙伴交往，体验与他人合作的快乐，学会思考探索解决问题的方法，养成坚强勇敢的意志品质，从而促进幼儿良好学习品质的形成。

个性课程包括平行走班志趣课程和主题活动。平行走班志趣课程每周进行一次，赋予幼儿自主选择的机会，和平行班幼儿共同参与活动，通过课程拓展幼儿的兴趣爱好，开阔幼儿视野，陶冶幼儿情操，启迪幼儿智慧，促进幼儿个性发展。主题活动源于生活中的发现，是幼儿共同面对的真实生活。比如搬家，班级整体从一个幼儿园搬到另外一个幼儿园，是孩子所经历的事情。对于我们成人而言，搬家就是把东西打包整理好，然后运走，是一件很平常的事情。对于幼儿来说，他们却很着迷且激动。准备要搬走的那段时间，耳边总是传来孩子们的声音：“老师，我们的新学校是不是很漂亮啊？”“老师，如果我想念这里了，还能再回来吗？”“老师，我们的东西都要搬走吗？还有很多小桌子和小椅子呢！”孩子们时而兴奋、时而又茫然的表情，让我们看到，孩子们既对新的学校充满了向往和期待，又对老学校充满了恋恋不舍的情感，也是最真实的情感。由此，我们产生了一个新的主题活动“我们搬家啦”。在“我们搬家啦”的主题背景下，生成了许多活动点，如“物品分类”“认识地图”等。孩子们在自主游戏、操作、交往中不断生成新内容，对搬家有了更多的认识和了解。

一个个鲜活的主题，真正带动我们走进孩子的真实生活，在孩子兴趣和问题的推动下，我们积累和预设生成了十几个大班的主题活动，并翔实记录了孩子在活动中的语言和行为、变化和发展，虽然还有些零碎，但很真实，很珍贵！同时也正是这些真实的教学和教研活动，推动着教师的思考和专业发展。

四、共情陪伴为核心素养提供沃土

发展心理学研究表明，自主性和自控力是幼儿健康发展的一体两翼，是幼儿心理健康与社会情感能力发展的核心所在，共情陪伴是发展幼儿自主性和自控力的有效方式。

共情陪伴强调教师和家长在陪伴孩子的过程中，首先要放下自己的主观参考框架，放下成见和偏见，无条件地接纳每一个孩子；在“放空”自己的基础上，耐心等待孩子的反应，观察孩子的表现，倾听孩子的心声，并有效回应孩子的内心需求。

在这种陪伴方式中，孩子感受到被理解、被尊重和被接纳后，会更积极地完善自我。在共情陪伴下成长的孩子，往往也更具有共情意识，能够更好地习得与掌握共情能力，而这一能力对孩子社会规则的习得、道德认知的发展及社会互动都具有不容忽视的积极作用。

掌握共情能力的孩子能够更融洽地与同伴、教师和家长等互动，即能够更好地处理“人—人”关系，具有和谐的人际关系，而平衡的“人—己”“人—人”关系又有助于孩子有效处理“人—事”“人—物”关系，并促进其问题解决能力和社会适应能力的发展。

幼儿园可以通过生活情景剧、主题绘本阅读等形式，尝试开展幼儿心理健康与社会情感能力培养的相关活动，提升幼儿与教师的共情能力。同时，幼儿园应该高度重视家园共育工作，切实提升家长的共情意识和共情能力，以共同促进幼儿的健康发展。

参考文献

［1］上海市教育研究会教学研究室．幼儿园课程图景：课程实施方案编制指南［M］．上海：华东师范大学出版社，2013.

［2］陈如平，刘宪华．学校课程新样态［M］．北京：开明出版社，2016.

［3］蒋雅俊．课程哲学：儿童、经验与课程［M］．北京：人民教育出版社，2015.

［4］张文质．教育是慢的艺术［M］．上海：华东师范大学出版社，2009.

［5］周念丽．学前儿童发展心理学［M］．上海：华东师范大学出版社，2014.

［6］郑莹莹．幼儿园早期阅读活动现状研究——以贵阳市 5 所幼儿园为例［D］．贵阳：贵州师范大学，2015.

［7］朱细宝．《3—6 岁儿童学习与发展指南》背景下幼儿园健康教育的几点思考［J］．当代教育实践与教学研究，2017（1）：255-256.

核心素养背景下 幼儿园户外体能课程开展的实践与思考

郑州市教工幼儿园 王向青

摘 要：本文结合幼儿园“自然教育”园所文化的打造，把发展幼儿核心素养作为课程设计的依据和出发点，从户外体能课程的设置到实施，有力推动核心素养在幼儿阶段生根发芽，为幼儿后续学习和终身发展奠定坚实的基础。

关键词：核心素养 幼儿园 户外体能课程

《中国学生发展核心素养》（本文以下简称《核心素养》）作为一套经过系统设计的育人目标框架，把社会主义核心价值观融入国民教育全过程，为我国基础教育的发展提供了更加明确的方向与引领作用。如何围绕核心素养建构幼儿园园本课程，成为确保幼儿园教学实现幼儿全面发展的关键所在。《核心素养》虽然没有明确把幼儿园囊括其中，但人文底蕴、科学精神、学会学习、健康生活、责任担当、实践创新六大素养与《3—6岁儿童学习与发展指南》（本文以下简称《指南》）中儿童学习与发展的领域、维度、目标相呼应。《核心素养》的幼儿园课程建设，就是践行《指南》精神，遵循教育规律，把幼儿发展核心素养作为课程设计的依据和出发点，有力推动核心素养在幼儿阶段生根发芽，为后续学习和终身发展奠定坚实的基础。

郑州市惠济区天地湾幼儿园是郑州市教工幼儿园的一所帮扶园，位于英才街的天地湾社区内，2015 年被评为市级示范性幼儿园，2017 年被评为省级示范性幼儿园。

在天地湾幼儿园，每一个幼儿都是独立的个体，都有自己特有的发展时间量表和内在的发展规律。遵循幼儿发展规律，创设多元的环境，提供适宜的课程，顺其自然，让幼儿成长为他应该有的样子，是我们永远追求的工作目标和价值取向。

遵循幼儿自然发展的规律，支持幼儿自然成长，为培养适应自然的社会人奠基是我们幼儿园“自然教育”园所文化的内涵。几年来，“自然教育”园所文化打造的过程，不仅是天地湾幼儿园成长和发展的过程，也是天地湾幼儿园聚焦幼儿核心素养实践与探索的过程。

一、“自然教育”户外体能课程设置的背景

1. 基于幼儿核心素养及幼儿体质发展的需要

（1）《核心素养》中健康生活部分的重点是：具有安全意识与自我保护能力；掌握适合自身的运动方法和技能，养成健康文明的行为习惯和生活方式；具有积极的心理品质，坚韧乐观，具有抗挫折能力。这恰恰与户外体能课程设置的目标相一致。

（2）《指南》说明部分中明确指出“以促进幼儿体、智、德、美各方面的协调发展为核心”。儿童的全面发展，体育优先。

2. 基于幼儿学习特点与兴趣的思考

《指南》指出：要“理解幼儿学习方式和特点，最大限度地支持和满足幼儿通过直接感知、实际操作和亲身体验获取经验的需要”。

3. 基于幼儿园户外场地的客观条件

天地湾幼儿园占地面积4772m^2，其活动场地1800m^2、绿化面积1221m^2。相对宽阔的户外场地及幼儿园所处地惠济区的生态宜居区域文化的打造为幼儿园开展丰富的户外体能课程提供了无限可能和客观保障。

有了以上的问题和思考，我们期盼通过“激发运动兴趣”“创造运动机会”“优化学习方式”来构建天地湾幼儿园户外体能课程体系，以便促进幼儿核心素养的落实与幼教课程的变革。

4. 户外体能课程建设的历程

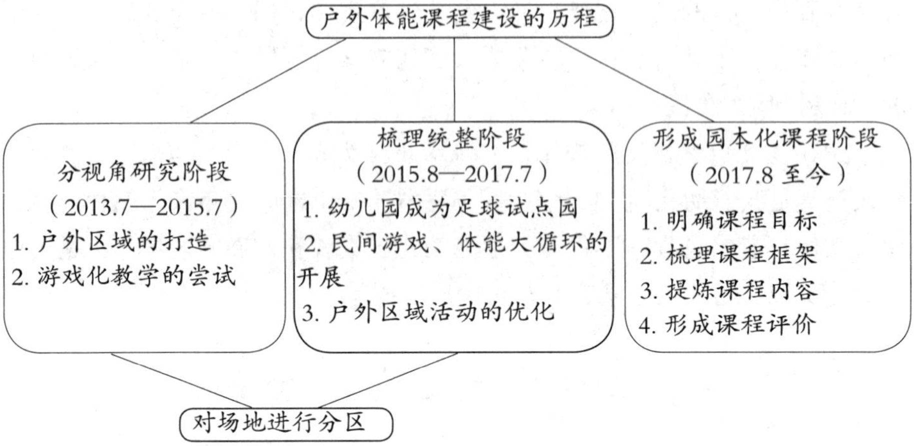

二、“自然教育”户外体能课程内容的设置

1. 体能课程的目标

在核心素养背景下，我们秉承“让幼儿回归自然，把游戏还给孩子”的理念，倡导在“自然”与“挑战”中促进幼儿健康发展的精神，凝练出体能课程的培养目标是“健体健心，自理自信，动手动脑，全面发展”，课程实施目标是“玩运动，乐发展”。

2. 体能课程的结构与内容

幼儿园课程生活化要求我们将知识、技能及品德还原为经验，关注幼儿的生活，从现实生活中发现和寻找课程资源，从现实生活中让幼儿感受世界的美好和趣味。核心素养关注“健康生活、学会学习、实践创新”，这些目标的实施同样离不开生活，所以，幼儿园体能课程内容的选择来源于幼儿感兴趣的生活，这样才能确保幼儿阶段核心素养的萌芽。

（1）基础部分：每天一次早锻炼和课间操，每周一次集体教学活动，每月两次户外区域活动，每季一次亲子运动课。

（2）园内拓展：足球课程、体能大循环、民间游戏。

（3）园外社会实践：户外生存和实践活动。

三、“自然教育”体能课程实施的步骤和途径

1. 实施理念

（1）自然教育的理念——尊重教育规律，教育即成长。

（2）深度学习的理念——课程实施的过程突出体验式、生成性。

（3）过程评价的理念——课程突出“立足能力、重视过程”的评价原则。

2. 实施要点及步骤

（1）借助多种手段为幼儿提供资源保障。幼儿园精心打造、升级拓展户外空间，形成地面与空中呼应的立体格局，努力成为幼儿喜欢的生态、探索和冒险乐园。幼儿园打造了跳跃区、攀登区、沙土区、休闲区、体能发展游戏园、创客空间、体能竞技区、水域区、平衡区和足球场区10个有特色的户外区域，在满足幼儿运动需求的同时，激发幼儿探究的兴趣，诱发幼儿主动思考和自我挑战，让幼儿在挑战中提升学习品质，每天在玩中自然成长。这也是核心素养中科学精神、学会学习、健康生活目标在课程环境中的落实。

（2）回归“自主、挑战、多元”价值取向。天地湾幼儿园户外体能课程回归真实世界的情境创设，突出“自主、挑战、多元”的课程元素。其中，彰显的自主包括自主选择、自主运动游戏两要素；彰显的挑战，即是鼓励幼儿在现有水平上敢于、善于自我挑战，以促进其动作技能的提高和学习品质的培养；彰显的多元包括场地的多元、材料的多元、运动形式的多元三元素。幼儿园体能课程聚焦能力的培养，有效地引领家长和教师逐步掌握可以促进幼儿学习与发展中能力培养的教育方法与途径，帮助建立对幼儿的合理期望，达成为幼儿后继学习和终生发展奠基的目的。

（3）围绕精益迭代的课程组织实施。迭代式学习过程是不断重复、螺旋上升的过程。在具体实施过程中我们遵从“三真”策略。首先是真需求。在理解孩子真实需求的基础上开展游戏，保证游戏时间及游戏多样性。在园本教研的基础上，制订户外区域游戏活动安排表并列入各班级周活动计划中，保证足够的户外运动时间的同时，力求运动形式、运动功能的多样性，满足幼儿游戏需求。例如攀登区的攀、悬、吊、荡，体能竞技区的竞技比赛，平衡区的自我挑战，跳跃区的大胆尝试，丰富的户外游戏每周都能体验一

遍；体能发展游戏园，顺应幼儿玩的天性，不仅能满足幼儿真玩的需求，还能激发幼儿对体育运动产生浓厚的兴趣，培养幼儿良好运动习惯，发展幼儿运动能力，鼓励幼儿在尝试挑战自我的冒险过程中获得自信，使幼儿的自我控制和保护能力得到提升，创新、交往和合作等非运动能力的意志品质得到锤炼。其次是真行动。整合现有资源和幼儿的需求，开展幼儿真正可参与的户外多种体能游戏。重点体现：一班一品——玩好一个民间游戏，如编花篮、斗鸡、跳皮筋、抽陀螺等，感受民间游戏的魅力。一周一练——全园性的体能大循环活动，每周四下午按时进行。一期一赛——结合年龄段特点，举办小班拍球、中班运球、大班跳绳活动等表演赛，旨在促进幼儿动作的协调发展，并以此培养幼儿良好的学习品质。再次是真支持。大胆地把户外体能课程延伸到园外，真实陪伴孩子们一起游戏与成长。例如，走进基地，开展户外生存体验活动，有效拓展幼儿经验；开展每季一次的远足实践活动，让幼儿在每个季节的远足中适应季节的变化，使幼儿的能力、耐力及意志品质得到锤炼。

(4) 聚焦幼儿发展的多元评价。首先，明确评价的目的是促进幼儿的全面发展，通过评价可以促使我们改进教学方式和方法。其次，采用任务进度单的形式，将幼儿在体能锻炼过程中的一系列表现、水平、状态做好记录和资料汇总，记录包含两类，一类是对全体幼儿发展的表格式评价，一类是对个体幼儿某种能力的观察与评价。再次，评价主体的多元。对家长，有针对课程的调查问卷式评价；对幼儿，有对活动的感受与自评互评（观察与谈话交流）评价；对教师，有对课程阶段性、结果性进行评价。通过汇总调查问卷收集的信息，对课程形成过程进行监测与调整，促进课程的实施。

四、“自然教育”户外体能课程实施的效果

“自然教育”户外体能课程有力推动着核心素养在幼儿阶段生根发芽，具体体现在《指南》精神得以有效落实，保教质量不断提升，教师发生多个转向，家长进一步明确四种定位，幼儿得到和谐全面发展。

1. 体能课程实施中教师的发展

(1) 促进教师教育观念的改变。幼儿园开展的每周一次的《核心素养》

微学习、每月一次《指南》月考制，成为教师专业成长征程中的一种习惯，有效促进了教师教育观念的改变，即从以教师为主体转向以幼儿为主体。

（2）教师的教育行为从限制转向放手。幼儿园葡萄架下的大胆攀高尝试、空中长廊体验区的空中悬吊等冒险挑战，正是教师教育行为的转变，即从限制转向放手，最大限度地支持和满足幼儿通过直接感知、实际操作和亲身体验获取经验。

（3）伴随着教育价值的追求从知识本位转向能力发展，教育思想的落实也从“看”转向“观察”。两年来，天地湾幼儿园通过持续开展幼儿行为观察活动，全体教师都能在日常的教育实践活动中尤其是在户外体能游戏活动中，做到观察幼儿行为、倾听幼儿对话、询问幼儿困惑、解读幼儿需要、分析幼儿思维过程，保护幼儿的好奇心和探究欲望，促进幼儿的学习与发展。“幼儿行为观察”的专题教研，更是有效促进教师角色由主导者到观察者的转变，也丰富了家园沟通，提高了专业能力。

2. 体能课程实施中家长的变化

通过家长会、家长开放日户外体能课程展示等活动的举行和引领，家长的育儿观念、教育价值追求等都发生了明显的改变，从重认知变成重能力，从相互比较改变为以自己孩子为本。具体体现：

（1）家长成为《指南》的学习者。理念决定行动，向家长赠《指南》，通过家长合育工作室、家委会的带领，在天地湾幼儿园全体家长中学习《指南》已经成为一种风尚。

（2）家长成为幼儿园各项活动及管理的参与者与支持者。每天的互动式晨检锻炼和不定时的微发布，成为家长了解幼儿园工作的窗口。同时，开展足球对抗赛、冬季锻炼展示等，帮助家长了解“指向幼儿核心素养”的幼儿园课程。家长通过合作参教、献言等多种形式参与到幼儿园管理、教学活动及幼儿发展的评价中，使家长成为幼儿园活动和孩子成长的有力支持者。

3. 体能课程实施中幼儿的发展

（1）对比 2015 年和 2017 年全园幼儿“六一”全面健康检查结果，发现幼儿的健康率、身高均上率、体重均上率均有提高，而肥胖率、贫血率在下降，营养不良率 2017 年为 0。（见下表）

郑州市惠济区天地湾幼儿园幼儿“六一”体检总结

年份	总人数	体检人数	体检率	健康率	身高均上率	体重均上率	肥胖率	营养不良率	贫血率
2015 年	316	313	99%	92%	55%	65%	3.50%	1.60%	1.90%
2017 年	421	421	100%	98.90%	67%	69%	0.40%	0%	0.70%

（2）运动已经成为天地湾幼儿园幼儿的一种习惯。为了满足幼儿爱玩的天性，幼儿园利用生活中随处可见的轮胎、果树、机油桶等创造性地开展体能锻炼。同时，幼儿园因地制宜、务实有效地构建幼儿体能课程，在丰富的园本课程中，幼儿体验到运动所带来的快乐，并把运动当成一种习惯，这正是体育核心素养所倡导的精神。

（3）在体育活动中培养幼儿良好的心理品质。科学进行体育活动，回到有效性、规范性的轨道，回到体育应然的价值取向，让幼儿的耐力、坚持、不惧挫折等品质在实践中彰显，这也是我们践行《指南》精神和落实核心素养的初衷。

2017 年 10 月，在争创河南省示范幼儿园的验收中，评估组专家对我园幼儿发展的评价是：幼儿体质发展好，自理能力强，乐观、自信、大胆……

卢梭在《爱弥儿》中这样说道：在万物的秩序中，人类有他的地位；在人类的秩序中，童年有它的地位；应当把成人看作成人，把孩子看作孩子。核心素养理念下的幼儿教育提倡儿童用自己的眼睛去观察，用自己的心灵去体验，用自己的方式去研究。践行《指南》精神，培养中国儿童的核心素养，我们永远在路上……

参考文献

[1] 周燕 . 幼儿园主题课程中培养幼儿核心素养的探索 [J]. 课程教育研究，2018 (31)：28.

[2] 高翔，黄莉 . 基于儿童核心素养的园本课程建设 [J]. 教育科学论坛，2016 (8)：59–62.

珍视游戏价值　聚焦幼儿核心素养

河南省实验幼儿园　王　霞

摘　要：《中国学生发展核心素养》（本文以下简称《核心素养》）以培养“全面发展的人”为核心，那么，在学前阶段，如何落实学生发展核心素养呢？李季湄教授说，落实《3—6 岁儿童学习与发展指南》（本文以下简称《指南》）正是《核心素养》在幼儿阶段全面而具体的体现。为落实《指南》精神，我园将游戏活动作为学前阶段幼儿最重要的学习途径，通过游戏培养幼儿良好的学习品质，包含幼儿的好奇心、主动性、合作意识、问题解决能力等维度。

关键词：核心素养　学习品质　幼儿游戏

一、《核心素养》与《指南》

自 2016 年中原名师培育工程集中研修以来，专家与名师们分享与交流比较多的是学生发展核心素养。那么，如何落实学生发展核心素养呢？

学生发展核心素养，主要是指学生应具备的、能够适应终身发展和社会发展需要的必备品格和关键能力。《核心素养》以培养“全面发展的人”为核心，分为文化基础、自主发展、社会参与三个方面，综合表现为人文底蕴、科学精神、学会学习、健康生活、责任担当、实践创新六大素养。

作为学前教育，《核心素养》又是怎样在幼儿阶段体现的呢？

2012 年颁布的国家纲领性文件《指南》，以幼儿的后继学习和终身发展奠定良好素质基础为目标，提出了 3—6 岁各年龄段儿童学习与发展目标和相应的教育建议，建立对幼儿发展的合理期望，实施科学的保育和教育，让幼儿度过快乐而有意义的童年。

李季湄教授曾说，《指南》是《核心素养》在幼儿园阶段的具体化。实施《指南》的过程就是在落实《核心素养》，遵循《指南》精神的幼教实践能有效促进幼儿核心素养的形成与发展。所谓《指南》精神，包含把教育融入幼儿一日生活，以游戏为基本活动，以了解幼儿、研究幼儿为基础，创设丰富多样的、具有挑战性的教育环境和互动的、激励性的师幼关系，促进幼儿主动地、个性化地学习与探究，等等。如果在《指南》的贯彻落实中遵循这些原则，这样的教育就能发展幼儿的核心素养。

由此可见，落实《指南》正是《核心素养》在幼儿阶段全面而具体的体现。

二、幼儿园游戏与幼儿核心素养

“游戏是幼儿园的基本活动”“游戏和生活是学前阶段幼儿最重要的学习途径”已成为学前专业教师的共识。学习品质因其具有可持续发展的价值，所以在中小学对学生核心素养的讨论中也成了核心的核心。

幼儿教育是基础教育的基础，如果幼儿阶段形成良好的学习品质，那么，良好的学习品质和今后其他阶段的学习生活，就构成了一个良性发展的学习品质循环圈。因此，从幼儿园阶段就要开始培养孩子的学习品质已成为共识。

所谓学习品质，主要是指学习态度、行为习惯、方法等与学习密切相关的基本素质，是在幼儿期开始出现与发展，并将对幼儿现在与将来的学习都具有重要影响的基本品质。

但学习品质不是孤立存在的，它是通过幼儿园集体教育教学活动、幼儿生活活动、游戏等活动而显露出来的。游戏作为幼儿园常态活动，对幼儿学习品质的培养起着非常重要的促进作用。那么，幼儿在游戏中学习与发展的成长力量如何呢？下面我以户外低结构游戏案例与大家分享幼儿核心素养——学习品质的培养与体现。

1. 在游戏中培养幼儿形成良好的学习品质

（1）幼儿的好奇心。在户外游戏时间和幼儿园游戏场中，处处能看到幼儿自主探索的身影，这一切源于他们对低结构游戏材料感兴趣，有了兴趣，幼儿才能真正地进入学习状态。所以，向幼儿致敬，致敬幼儿的好奇心！

（2）幼儿的积极主动性。游戏中的每一个幼儿都积极主动地参与、合作、表达、协商，告状的少了，求助的也不多了……所以，向幼儿致敬，致敬幼儿的积极主动性！

（3）幼儿的积极合作。比如游戏中需要方箱，可是方箱太大、太重，孩子们一起想办法把它翻滚到游戏场中。看到同伴拖着梯子走过来，孩子主动伸手抬起梯子的另外一头。“游戏是全世界儿童通用的语言。”游戏中的合作与学习，有时候不需要语言。一件件合作而成的作品，一幅幅互爱的画面感染着我们，不禁驻足欣赏！所以，向幼儿致敬，致敬幼儿的积极合作！

（4）幼儿的坚持。一个中班的孩子，为了将一块儿木板立在沙池中搭建有坡度的水渠，一手扶木板，一手持铲子，又是铲，又是堆，又是拍，历时近5分钟，木板终于立在沙池中，2分后，可能受到外力影响木板倒下了。孩子不气馁，又历时1分钟将木板再次立于沙池中，这次因为同伴的无意触碰，又失败了，孩子换了一个位置，继续……坚持中的孩子一次一次地接近成功！所以，向幼儿致敬，致敬幼儿的坚持！

（5）幼儿丰富的想象力与创造力。孩子们自由、自主地操作着游戏材料，在他们手中，螺丝钉加上几块积木就变成了飞机、小车；大大小小的积木可以搭出各种各样的房子、舒服的小床；轮胎还可以这样玩……所以，向幼儿致敬，致敬幼儿丰富的想象力和创造力！

（6）幼儿的问题解决能力。幼儿遇到了困难和问题，怎么办？没有老师的介入，幼儿有没有能力解决问题？小班幼儿骑小车时遇到了一个坡，有的孩子用力推动着小车，等走上了斜坡的最高处再骑上小车继续前行；有的幼儿一手拉着小车，一手抓住斜坡旁边的石台，借助外力解决了上坡的困难。在中班幼儿和大班幼儿一起玩方箱游戏的情景中，我们看到两个中班幼儿取材料、摆放材料，满足于将材料连在一起，他们关注的是物体之间的连接；大班幼儿关注的是：方箱如何摆放才能遮阳，梯子和木板这么连接如何通过、如何玩，大班幼儿关注的是物体之间的关系。从连接到关系，体现了两个年龄段幼儿思维方式的不同：中班幼儿思维具体形象，大班幼儿年龄在6岁左右，6岁左右是抽象逻辑性思维的萌芽期。大班与中班幼儿的合作、帮助还折射出他们同样都在学习。大班哥哥姐姐是在骄傲地学习、观察、尝试……多方位地体验，解决问题。而中班弟弟妹妹呢？哥哥姐姐的分析和质疑为他们开启了一扇学习的窗户，弟弟妹妹是在充满渴望、充满崇拜之中学习，是对哥哥姐姐的模仿学习。

老师的关注与放手，就是让幼儿触摸到自己能力的边界，在符合他们身心特点的学习与发展中竭尽全力！在这样的过程中，幼儿是在挑战自己的一个又一个螺旋上升的最近发展区。所以，向幼儿致敬，致敬幼儿的问题解决能力！

（7）幼儿的反思能力。游戏后回到班上，幼儿从回顾并以图画和特别符号等元素记录下自己和同伴的游戏情形，再到表达分享自己所绘画的游戏故事。这一形式凸显“幼儿经验中心”，在游戏中学会问题解决—回顾并绘画—分享交流，这个过程对幼儿来说，就是反思，就是学习。所以，向幼儿致敬，致敬幼儿的反思能力！

（8）幼儿的勇于挑战。生活环境中缺少险情，幼儿会丧失对危险本质与程度的认识，丧失处理危险的应变能力，因此，幼儿园环境要有险——合理的冒险。当幼儿主动探索某样事物但存在险情的时候，此时教师要做的一是敢于放手，让幼儿去尝试，二是守护，让可能存在的危险变成有挑战的冒险。挑战身体极限（触摸到自己能力的边界），提高运动能力（速度、平衡、敏捷度和协调性）、方向感和空间感，让幼儿看到周围发生的事情，并给他们力量感，力量感给予了孩子自信、自豪，让幼儿体验到了成就感。所以，向幼儿致敬，致敬幼儿的勇于挑战！

2. 幼儿在游戏活动中形成良好学习品质的影响因素

（1）种类丰富、大量低结构、富有挑战性的游戏材料。多样、低结构的游戏材料，不仅能让幼儿的游戏丰富多彩，更能激发幼儿的好奇心与兴趣，让幼儿有更多自主发挥的空间。幼儿在游戏中的自主、自由，能激发他们的想象力和创造力，增进游戏的经验、学习的经验。所以，高档次不代表高水平，幼儿既需要配备一些基本的玩具和设备，也需要一些简单自然、低结构的游戏材料。

（2）游戏中教师“少干预，多观察”的带班方式。有些教师因担心幼儿的安全问题等而介入幼儿的游戏，形成重指导、轻观察的行为习惯。

大量游戏案例的实践证明，幼儿有自主学习和解决问题的能力，教师没有必要事事介入。教师要适应并养成“少干预，多观察”的习惯，以看和听为主，倾听幼儿在游戏中的交流，观察幼儿的行为表现，倾听与观察的背后是教师满足并理解了幼儿学习差异性、独特性，幼儿的惊人能力会让教师发现他们的精彩。

（3）自然、开放的户外游戏环境。河南省实验幼儿园园长张秋萍说：“一张纸再大也装不下一头牛，一头牛在纸上画得再像，也触摸不到它硬硬的角、软软的毛。……一间教室再宽敞也装不下四季，风景照再美也听不到小鸟欢歌和清泉叮咚。……”

活动室代替不了大自然，作为“自然人”的孩子更适宜在风中奔跑、在雨中漫步、在阳光中尽情地玩耍……这就是最好的学习。除一些因生活等原因必须在室内开展的活动外，能够在户外开展的游戏活动，都尽可能到户外去，这样才能使幼儿更好地了解他们所生活的这个真实的世界。

（4）符合幼儿的学习特点与学习方式。幼儿的学习是以直接经验为基础，在这些游戏中，幼儿亲身体验、直接感知、实际操作，每一个幼儿都以这样的学习方式积极主动地参与游戏。因为符合幼儿的学习特点，接近每个幼儿个体的最近发展区，所以，他们在游戏中呈现出放松的、快乐的、满足的、感兴趣的、竭尽全力的学习状态。

（5）通过游戏分享活动给予幼儿恰当的支持与引导，提升游戏经验与水平。每次游戏后回到活动室，教师和幼儿都会进行游戏分享活动，比如访谈：今天的沙池游戏中，你成功了吗？什么感受？你是怎样成功的？再比如，高跳游戏中一个孩子跳下来后，围着教师自豪兴奋地说：“我都出汗了！”教师出于安全考虑，在游戏后的分享活动中与幼儿交流：跳起来是什么感觉，还可以怎么样跳，原来跳有这么多花样！怎样做才能保护自己，使自己更安全？……

通过教师组织的分享反思活动，来挑战幼儿的最近发展区，有目的地引导幼儿将有益的游戏经验传递给同伴，这是促进幼儿游戏水平和学习能力提升不可缺少的一个重要环节。

三、游戏对幼儿核心素养培养价值的其他体现

1. 在探究中自主建构粗浅的科学知识

幼儿游戏活动中蕴含着丰富的科学知识和经验。如积木搭建游戏中，通过实际操作感知到两个大小相同的等腰直角三角形能拼出一个正方形，通过亲身体验获得下大上小的物体才能更平衡的认知。这些都体现了对幼儿数学能力的发展。在游戏活动中，孩子是自己知识的建构者，他们在与环境的互动中不断建构新的知识结构，这样的学习符合幼儿学习的本质，同时，也是与《核心素养》倡导的以培养创新精神和实践能力为重点的素质教育最为吻合的教育理念。

2. 在游戏中锻炼独立的生活技能

幼儿园课程的目标是让幼儿学会生活。游戏活动中有许多需要自理的事情，如沙池游戏前后自己换雨鞋，涂鸦游戏后自己清洗工具，口渴的时候随时自主饮水，在点滴的生活中学习和掌握生活技能，体现了幼儿生命成长的诉求。

3. 潜移默化中培养社会责任心

每次游戏前，幼儿要做的第一件事情是擦拭游戏材料，尤其是雨天、刮风天气过后，孩子们拿着抹布先擦拭要骑的小车、用掸子清理箱子上的尘土；每次游戏后，孩子们要收纳、归放所有的游戏材料。这些劳动内容成为幼儿游戏活动的一部分，潜移默化中幼儿的责任心得以培养。

4. 语言表达能力在积极运用中得以发展

《指南》中指出：孩子的语言是在交流运用中发展的，自由轻松的氛围能更好地激发孩子“想说、敢说、喜欢说”的愿望。游戏是幼儿自主而感兴趣的，孩子因游戏的愿望和心情而产生“说”的可能性，从而发展了语言表达能力。

5. 促进幼儿的社会性行为发展

幼儿在游戏中自主与同伴协商使用什么游戏材料、讨论游戏的玩法，按照自己的想法游戏，遇到困难能坚持而不轻易求助，与同伴交流时自然、放松，情绪积极愉快、有自信……体现了幼儿与同伴交往中的协商、合作、

自主、自信等社会性行为发展。

总之，幼儿园游戏活动对幼儿核心素养的培养具有至关重要的作用。通过游戏和生活来学习，有力推动核心素养在幼儿阶段生根发芽，为幼儿后续学习和终身发展奠定坚实的基础，助力幼儿成就幸福人生。

参考文献

[1] 张秋萍. 儿童食育系列之植物绘本 [M]. 郑州：河南人民出版社，2017.

[2] 何志华. 课程游戏化背景下幼儿园户外环境创设的思考 [J]. 学前教育，2018 (2)：37–39.

[3] 鄢超云. 学习品质：美国儿童入学准备的一个新领域 [J]. 学前教育研究，2009 (4)：9–12.

[4] 鄢超云. 在游戏中培养儿童的学习品质 [J]. 幼儿教育，2017 (16)：12–15.

[5] 李燕丰. 浅析游戏对幼儿学习品质发展的促进作用 [J]. 新课程学习 (下)，2014 (5)：2–3.

核心素养视角下桐柏文化课程开发的实践与思考

河南省桐柏县幼儿园 李道玲

摘 要：核心素养主要是指能够适应个人终身发展和社会发展需要的必备品格和关键能力，学前教育作为基础教育的一部分，幼儿核心素养的启蒙培养尤为重要，笔者借助桐柏悠久的地域传统文化，挖掘文化特色，以《3—6岁儿童学习与发展指南》（本文以下简称《指南》）为理论，将核心素养理念融入课程，以丰富的实践活动为载体，逐步探索完善适宜幼儿核心素养培养的文化课程。

关键词：核心素养 课程 桐柏文化 实践

“核心素养”作为教育界的热词，被大家频繁讨论。什么是核心素养？为什么要开展核心素养教育？如何来培养学生的核心素养？作为幼儿教师，在开展核心素养教育前，我们要做哪些准备？为了理清脉络，对核心素养有更为清晰明了的认识，我们带着问题做了以下探讨。

学前教育阶段是人生的奠基阶段，学前教育作为基础教育的一部分，幼儿核心素养启蒙培养尤为重要。依据《指南》精神，我们在幼儿园进行了幼儿核心素养教育的实践探索。

近两年，我们进行了“基于桐柏文化的幼儿园课程资源开发的研究”，以儿童真实的兴趣和需要为起点，以《中国学生发展核心素养》理念为指导，以开发和实施课程为抓手，以期有助于丰富幼儿园本土文化课程，促进幼儿园课程的多元化发展。本次课程资源开发包括环境创设、课程研磨、亲子活动、社会实践活动、区域活动、传统文化进校园活动等，通过一系列活动从理念到形式的变化，使课程回归儿童本位，促进幼儿核心素养的形成。

我们关注幼儿积极、主动、合作、交往、情感等品质教育和观察实践、探索等关键能力的提升，下面以桐柏文化课程的组织实施为例进行说明。

一、民俗文化萌发幼儿爱家乡的情感

桐柏文化课程重点是增进幼儿的社会认知，激发社会情感，习得良好的品质。因此，在课程实施中我们通过感受和体验潜移默化地浸润幼儿心灵为主旋律。

案例 1：大班社会活动“家乡的皮影戏”。

目标：初步了解皮影戏的制作材料和工艺，以及皮影戏独特的表演艺术特色。尝试参与表演皮影戏，感受民间传统文化的魅力，萌发热爱家乡的情感。

活动的主要环节：手影导入、幼儿欣赏、探索发现、幕后观察、亲自体验操作、身体动作表现。

活动围绕《幼儿园教育指导纲要》提出的五大领域教育目标和《指南》提出的学习与发展目标，结合幼儿发展需要及园所教育价值取向，借鉴了多元创意课程的主题设计框架，进行了全面改编和再造，获取了一些有益的经验。

1. 着眼生活中珍贵的艺术素材

皮影戏是我们家乡最宝贵的艺术，蕴含着家乡文化的精华，值得幼儿传承与发扬。

2. 与艺术大师互动，体验更真实、更深刻

艺术大师本就是一道家乡文化风景，邀请艺术大师走进幼儿园与孩子们互动、交流、共同表演，激发孩子学习的欲望，无疑是一件非常有意义的事情。

3. 通过辐射、引领实现课程本身应有的价值

通过桐柏文化课程的实施，孩子们感受到家乡文化的丰富多彩，为家乡感到无比的自豪。通过开放式活动向全县幼教同行展示，引领教师向课程生活化、课程游戏化迈进，让教育回归生活，把游戏还给幼儿。

二、实践活动开启幼儿探索发现之旅

让教育回归真实的生活，让幼儿回归大自然，这是幼儿教育的新理念，也是我们努力追求的课程发展方向。大自然是一部真实、丰富的百科全书，蕴藏着巨大的教育财富，为幼儿获得对世界的感性认识提供了丰富的资源。

桐柏根雕是桐柏的一种特殊艺术文化，具有奇特古朴、抽象夸张等艺术特点，根雕大师们的作品曾在全国根雕竞赛活动中获金奖，而桐柏也在向着“根雕艺术之乡”的方向发展。桐柏的孩子生在根雕的摇篮里，这是一件幸事。我们通过实践活动让幼儿了解根雕艺术，感受根雕艺术之美，知道根雕的创作特点是借型想象，将树根奇特的造型想象成一种事物，然后再把它雕琢出来，这正符合幼儿的思维特点和创作特点，将根雕作为幼儿创作载体，促进了幼儿的发展。

案例 2：课题成员周国智老师组织的大班美术活动“有趣的根雕”。

目标：了解根雕的创作特点，感受根雕的艺术美。知道根雕制作的不易和珍贵，萌发敬佩之情和学习的愿望。

通过欣赏、实物观察引导幼儿尽情动手，在操作中感受乐趣，在探索中主动创造，在体验中尝试成功，在交流中获得经验。

三、红色文化亲子教育传承家乡红色基因

桐柏是著名的革命老区，是红军的故乡，在这片红色的土地上有着光荣的革命历史。桐柏是解放战争时期三军会师地，如今，李先念纪念碑、革命文化纪念馆成为桐柏的标志性建筑。这些丰富的红色文化，无疑是我们进行本土文化教育的资源。但是，因幼儿园孩子的特殊年龄特点及接受能力、学习特点的限制，就需要我们在开展活动时，挖掘红色文化中适宜幼儿课程的教育资源，用适宜幼儿的组织形式进行红色文化教育、传承红色文化精神，为此我们主要做了以下几方面的尝试：

（1）参观桐柏革命纪念馆，并在纪念馆门前表演《闪闪的红星》。

（2）参观淮祠，邀请讲解员为家长和小朋友讲解桐柏的发源地、桐柏人文精神、桐柏英雄的故事、桐柏人民的精神等。

（3）爬铁索桥，钻地道，跟解放军叔叔练本领。

（4）家长讲红色故事，教育幼儿不浪费粮食，养成勤俭节约的优良品质。

（5）家长唱红歌，孩子伴奏。和孩子一起欣赏《淮源赞歌》。

活动开展井然有序，并将红色文化渗透融入爱家乡、爱祖国的情感教育中，培养幼儿坚强、勇敢、自信、合作与分享等优秀品质，促进幼儿的社会性发展。

四、家乡文化类活动促进幼儿社会性发展

桐柏物华天宝，人杰地灵，为了让家乡文化走进幼儿的心灵，我们开展了一系列的活动。

案例 3：“红歌嘹亮 激情飞扬”红歌比赛活动、“童年梦 中国梦”团体操比赛活动、“融家乡文化 展运动风采”幼儿运动会、“幼儿颂祖国赞家乡”诵读比赛活动、“家乡美如画”活动设计等。

在“融家乡文化　展运动风采”幼儿运动会中，将民俗与运动项目相结合，设计了桐柏小英雄、采茶、抬花轿、划旱船等竞赛游戏，发展幼儿身体的协调性和灵活性，增强幼儿的体质，提高幼儿团结协作的能力。通过“幼儿颂祖国　赞家乡”诵读比赛，培养幼儿的语言表达能力，增强幼儿的自信心。在“家乡美如画”的主题墙和区域活动设计过程中，幼儿和家长共同参与环境创设，从而使幼儿认知了自己家乡的风土人情、特产特色、旅游景点等，也使幼儿萌发了从小关心家乡、爱家乡的情感。

五、区域游戏促进幼儿主动性发展

心理学家埃里克森指出，促进幼儿的自主性和主动性发展是早期教育的基本任务。幼儿天生就具有好奇、冒险的本能，具有探索、探究的欲望，区域活动为幼儿营造了宽松、自由、和谐的环境氛围，激发了幼儿的兴趣。

为此，我们开展了丰富多彩且具有乡土气息的区域活动，如“家乡戏曲小舞台”“民间游戏”“民俗文化表演区”“皮影戏小舞台”等。

在区域表演游戏中孩子们这样唱道：

美丽桐柏是我家

竹板一打啪啪响，桐柏美景我来讲：
景色秀美水帘洞，淮源河水清又长，
最高山峰太白顶，云雾缭绕似仙境，
桃花洞中藏古寺，黄岗红叶醉四方，
家乡美景数不尽，我们把她美名扬。

幼儿在游戏中自然而然地习得知识、技能和经验，幼儿的感知、记忆、注意、想象、思维、语言表达等能力获得发展，同时，还有助于幼儿人际交往能力的培养、动手能力的提高、规则意识的形成。

六、特色美食促进幼儿自主发展

地方特色美食中也蕴含着丰富的教育价值，基于此，我们精心组织了一次社会活动。

案例 4：课题组成员赵霞老师组织中班社会活动“好吃的凉粉”。题目确定后我们讨论：孩子的感兴趣程度如何？内容是否能够满足中班幼儿社会认知方面的发展需求？爱家乡的情感如何突显出来？综合以上疑问我们将“好吃的凉粉”改成“舌尖上的桐柏”，将桐柏众多地方小吃如平氏浆面条、马鳖馍等素材融合成一个活动。

在目标制定上，通过后期调整对比发现我们前期制定的目标过于笼统，桐柏乡土特色针对性不强，幼儿活动兴趣不高。而在孩子方面，当老师问咱们桐柏有什么特色美食时，孩子们居然回答是汉堡包、鸡腿、炸薯条、煲仔饭等，对特色美食的概念还不清楚。为此，我们改进策略，如增加小吃一条街的情境设置，增添风趣幽默的顺口溜，例如，平氏凉粉：凉丝丝、滑溜溜的平氏绿豆粉，好吃不贵来一口。锅盔馍：白白胖胖像面包，外焦里嫩吃着香，蘸上一口黄豆酱，再来一个赶紧抢。最后，增加家乡其他的美食，提升幼儿经验，进一步增进幼儿爱家乡的情感。

在教师创设的轻松环境氛围中，幼儿对桐柏特色小吃也有了进一步的了解，而且也能够说出特色小吃的名称、味道和自己品尝后的感觉，对家乡的特色美食产生进一步探索的欲望。教学与生活衔接，一系列活动营造开放的学习和体验环境，渗透幼儿自主发展的核心素养，保持核心素养培养的渐进性和延续性。

七、教育实践是开启课程游戏化的钥匙

充分挖掘本土文化资源，将它们融入幼儿园的主题活动、区域活动和游戏活动中，形成层层有教育主题、班班有教育特色、处处有教育契机的园所氛围，使整个幼儿园成为一个立体的、多彩的、富有吸引力的环境，多层次、多角度培育幼儿核心素养。我们从以下几个方面开启游戏课程：

1. 资源材料的开发、利用是课程游戏化实施的关键

不同的材料能诱发幼儿开展不同的游戏。我们在材料的开发、利用、研究中遵循了以下原则：开放性、真实性、有效性，进一步触发了基于幼儿核心素养理念下园本课程的思考。

2. 改变重教轻学的现状

将桐柏文化课程构建置于幼儿园发展的整体框架之中，在课程实施途径上多样化，对桐柏文化课程进行了系列园土化探索，开展如“社会实践活动”“区域活动”“亲子活动”等。

3. 观察、解读幼儿是对幼儿进行教育评价的基础

走进孩子的童心世界，通过观察和解读幼儿行为，为孩子提供各类游戏的机会，真正满足幼儿游戏的需要。关注对幼儿在活动过程中的评价，关注每个幼儿自身能力的纵向发展，实现幼儿园以游戏为基本活动的目标，在游戏中的学习看得见。同时，在了解 3—6 岁幼儿身心特点的基础上，通过对幼儿的评价来提升教师的观察效能。

在教学活动中，要注重以幼儿为本，把活动还给幼儿，多发挥幼儿的主动性。教师要做幼儿的合作者、支持者、引导者。向幼儿进行提问时，

注意运用启发式提问，多提开放式问题，少讲道理，多让孩子感受，让幼儿不断累积各类经验。“在游戏中育化，在生活中养成”，使幼儿、教师、家长综合素养获得整体提升，真正实现“让课程回归儿童本位，把孩子的世界还给孩子，把未来的世界交给孩子”。静心倾听每一个鲜活个体的成长需求，近距离触摸主题实施发生在儿童身上的变化，发现儿童、理解儿童、支持儿童、欣赏儿童、成就儿童。

参考文献

[1] 王书香，鲍远明．核心素养理念下校本课程资源开发的思考[J]．教育实践与研究（B），2018（Z1）：48-51.